生英語で鍛える英文法

GRAMMAR

佐久間 治 著
Osamu Sakuma

●

KENKYUSHA

はじめに

　仮に、以下のような出だしで始まる英文があったとして、冒頭の On September 11, 2001 が持つ意味は単なる年月日ではない。

　On September 11, 2001, a Labrador retriever named Dorado spent one hour guiding his blind master down 70 floors of the north tower of the World Trade Center. (→ p. 57)

　ここで、「あの 9.11」と気がつくと、この英文に対する関心が一段と高まり、文字を伝わって来るさまざまなイメージが瞬時にして頭の中に浮かぶだろう。この先に何が書いてあるのか、興味もわいてくる。「ラブラドール・レトリーバー」という犬種も気にかかる。犬好きなら、その穏やかな顔が目に浮かぶ。あの悪夢のような惨劇とラブラドール・レトリーバーと何の関係があるのか。一時も目を離せなくなる。このような状況で英文に接するとき、**context** が生じる。**context**、すなわち、話の背景、いきさつ、「かくかくしかじか」みたいなものがあってこそ真の解釈になる。英語力は文法・構文と語彙の両輪で動く、とよく解説されるが、これに加えて **context**、すなわち、歴史的・文化的・社会的背景と情報も加味しなければならない。

　一般的に、文法書に採用されている例文には、この context がない。当たり障りのない、普遍的な例文が多いので面白くもおかしくもない。読んでいても実感がわかない。常に他人事のように感じつつ英文を機械的に分析してゆくだけになる。本書では、なるべくこの壁を取り払い、もっと興味のわく、身近な英文を採用し、無味乾燥になりがちな文法の習得に躍動を与えたいと考えた。

　必然的に、本書で採用される英文は、馴染みのある歴史的出来事や科学的事実、人物、身近な動物が絡むエピソード、掲示・広告などが多くなる。固有名詞も頻繁に登場するので、その都度、注をつけて解釈作業の円滑化を図った。例えば、上例では犬種の Labrador retriever と the World Trade Center がその対象となる。裏返して見れば、英文を解釈する作業の大部分は背景的知識や情報が占めているということになる。さらに突きつめて考えると、**September 11** という日付と **the World Trade Center** という固有名詞と **retriever** という犬種（*盲導犬のほとんどを占める）の 3 つの背景的知識と情報だけでも、この英文の内容は大方見当がつくというものだ。

　これだけ登場人物やら舞台装置を用意しなければならないので、宿命として、

iii

本書の用例は類書に比べ格段に長くなる。長い英文には抵抗を感じるかもしれないが、ここは発想を転換して、英文解釈をしながら生きた英文法を学ぶ、と認識していただきたい。特に背景となる情報や補足説明が必要な場合は＊印を付して提示した。用例英文に付した＊印は解釈作業のヒントとなるものなので、遠慮なく参考にしてほしい。

　なお、本書で扱う私的なニュースや情報が個人名や地名を含む場合、主旨を損なわない範囲内で補筆表記してあるのでご了解願いたい。

特殊例文の表示例

「context 付き」が本書の精神なので、通常の例文にとどまらず、さまざまな領域から英文を引用している。チラシや新聞の広告（ads）、新聞や雑誌の見出し（headline）、掲示や警告（notice、warning）、web 上のコンテンツ（contents）、LINE などの SNS やメール（text message）なども含まれる。よって、その源泉の種類をスタンプなどで図示すると同時に、フォントや文字サイズに変化を加え、差別化を図った。また、記事や引用がどんな内容なのかをあらかじめ知ってもらうためいくつかのイラスト表示も用意した。ただし、あくまでも補助的手段であって、スペースが許さない場合は使用していない。

【原典・源泉アイコン（source icon）一覧】

 新聞や雑誌の見出し（headline）および記事

スマホのメールや SNS（text message）

 掲示、お知らせ（NOTICE）

車体後部のバンパー・ステッカー (bumper sticker)

 日本に関するQ & A (質問者も回答者もnon-Japanese) 主に《Yahooanswers.com》から引用

警告 (WARNING)

 新聞の募集広告

【感情アイコン (emotional icon) 一覧】

 心温まる話 (heart-warming story)

他人を糞味噌にこき下ろす言葉 (insulting words)

 ユーモラスなダジャレ (pun)

 なぞなぞ (riddle)

 ブラックなユーモア (black humor)

 悲しい話 (heart-breaking story)

 意地悪な笑い (sneering)

 最期の言葉 (last words)

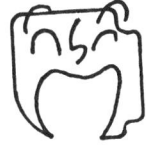 大笑い (laughing)

びっくり (surprise)

「残念」とか「嫌い」など、さまざまなシーンで使う

【出典、原典の表示】

　本書の用例はその性質上、多くの歴史的および科学的事実、個人的意見、website のコンテンツを含む。このうち事実に関する英文は、本書の性質と精神に合うよう、構文も語彙も独自のレベルで書き換えた。歴史的人物や著名人の意見、陳述の引用は個人名とともにそのまま掲載した。オリジナリティーを重んじる価値を認めた web 上のコンテンツについては、そのサイトを明示した。ただし、同一の記事に対し多くの website が取り上げているような場合や発言者が anonymous（読み人知らず）および unknown（不明）になっている場合は、源泉を突きとめることができないので、サイト名を省略した。さらに、表現法が刺激的とか俗用法が多すぎると判断されるものについては、適宜調整して書き換えた。text message は略語やスラングが多く、そのままでは採用できないので、参考 (smartphOWNED.com など) にしつつも、大部分を調整して書き直した。

【和文中の英語固有名詞の表記】

　原則として、既に日本語の中に市民権を得ている語とか馴染みのある語はカタカナ表記で、それ以外は横文字のまま表記した。例: Thomas Edison → エジソン、Kin Hubbard → Kin Hubbard（米国の劇作家）

【斜体文字による表記】

　一般的に書籍名、車種、映画タイトル、英語以外の外国語（例: the *Meiji* era）、英語古形（例: *rathe* *rather の原級）、その他、差別化が必要な場合は斜体字で表記した。

【設問形式の採用について】

　すべての項目は2択式の設問で始まるが、最初の問題以外はこの設問を省略した。

> 問　[:] 内の正しいほうの語(句)を選びなさい。

　また、解答は1つとは限らず、「どちらも可」もあるので、注意されたい。参考のため、各問に難易度を表す ★（易）、★（標準）、★（難問）を付した。

目　　次

はじめに　iii

特殊例文の表示例　v

第 1 章　動詞が文の型を決める 1
第 2 章　to do が副詞、形容詞、名詞の働き 25
第 3 章　doing が名詞の働き 51
第 4 章　doing と done が形容詞と副詞の働き 61
第 5 章　can とか would が動詞に色を添える 83
第 6 章　文の中の小さな文 103
第 7 章　特殊な構造の文 131
第 8 章　人や物を比べる文 145

索　引　163

第1章
動詞が文の型を決める

　慣例に従って略式文字として：S（主語）、V（動詞）、O（目的語）、C（補語）をここでも使用する。各要素の働きはここでは説明しない。本文中の例文で繰り返し見る中で実際に体感してもらうのがベスト。例えば、本文中で「goは補語をとる」とあり、その後にgo mad（気が変になる）、go bad（（食品などが）腐る）、go bankrupt（倒産する）などが例示されていれば、自ずから補語とはどういうものかわかってくる。本書での文法用語はすべてこのように受け止めて欲しい。

　文型全体は自動詞と他動詞の違いを軸に一望するが、この違いも、理論的に定義づけしないほうがいい。自動詞と他動詞は明確に分離された動詞群ではなく、両領域にまたがる動詞も多く、さらに使い分けが不明瞭な動詞も少なくないので、文法的分類に必要以上にこだわることは控えたい。多くの例文に接して、その複雑な実態を確認できれば、それが英文法習得の第一歩となろう。

　特に、他動詞のとる目的語と自動詞に続く補語の関係をさまざまな実例で検討してゆくが、何よりも大切なのは、英文を正しく解釈することである。最終的には、二重の目的語をとる動詞と、目的語＋補語を同時にとる動詞にまで話を進める。皮肉なことに、構文が複雑になるに従って、これを解読する達成感が増す。まして、その英文が面白い内容なら、読解作業もまた面白くなる。

1 「行く」ではない go

> ★問［：］内の正しいほうの語(句)を選びなさい。(以下同様)
> "[Do : Go]" is a complete sentence in the English language.

「Go（行け）は1個の完全な英文である」

正解 Go

命令文なら、go（行く）は目的語をとらないので、1語で英文になる。

go は補語をとる。be 動詞と同じ構造になる。悪い意味が多く、go mad（気が変になる）、go bad（(食品などが) 腐る）、go bankrupt（倒産する）が一般的:

If you pour a drop of alcohol on a scorpion's back, it'll go mad and sting itself to death. — It's simply an urban myth.

　　　　　　　　　　　　　　*scorpion: サソリ　... to death: …した結果、死に至る

「サソリの背にアルコールを一滴垂らすと、狂ったようになり、自分で毒針を刺して死ぬ——というのは単なる都市神話」

When things don't go right, then go left.

ダジャレなので、「何をやってもうまく行かないときは、とりあえず左へ行け」と和訳しても意味がない。この right は名詞 things（物事）を説明する形容詞なので補語。いっぽう、left は「左へ（行く）」で動詞 go にかかるので副詞。

In 1943 the U.S. Secretary of Agriculture banned the sale of sliced bread because sliced bread went stale quicker, therefore Americans used more wheat, needed to feed soldiers.

　　　　　　　　　　　　　　　　　*1941～1945 年: 太平洋戦争

「1943年米国農務省長官は'食パン'の販売を禁止した。(通常のパンより) 傷むのが早く、兵士に供給すべき小麦を無駄に消費するからという理由であった」

go と対立する come も補語をとるが、こちらは良い意味（例: come true:（夢などが) 叶う、come clean: 泥を吐く）で使われる例が若干ある:

Everyone wishes their dreams come true. But keep in mind, nightmares are dreams too.　　　*keep in mind: 記憶に留めておく

「誰だって夢が叶うことを祈っている。でも、忘れないで、悪夢も夢のうちだから」

結局、基本的な「移動」および「不動」を表す go, come, get,（re)turn, run, leave, grow, fall, stay, remain, stand および be + come から成る become には補語をとる性質が宿る。

2 「売る」ではない sell

★The Chevrolet *Nova* car [was never sold : never sold] well in Spanish-speaking countries. *"No va"* means "it doesn't go" in Spanish.
「シボレー・ノヴァはスペイン語圏では売れ行きが悪かった。No va. はスペイン語で"進まない"を意味するから」　　　　*va<ir（＝go）の三人称単数。

正解　never sold

　was never sold はこの文意ではほとんど使われない。
　sell は他動詞「〜を売る」と自動詞「売れる」の両用法を持つが、上例は典型的な自動詞の使い方。本来は他動詞であったが、sell oneself（自身を売る → 売れる）の再帰代名詞が省略されて sell oneself となり、単独で自動詞用法「売れる」を発達させた。「売れる」と来れば、「よく売れる sell well [quickly]」とか「ひどい売れ行きだ sell badly」が決まり文句：

> Q: What are things that **sell badly**?　Q：売れない商品って何？
> A₁: E-cigarettes, *tofu*, though I like *tofu*.　A₁：電子たばこ、豆腐。豆腐は好きだけどね。
> A₂: Furnaces in July… ice cubes in January.　A₂：7月の暖炉、1月の角氷。

　他動詞は「人が物を売る」が基本だが、今日では「タコが足の一部を切り売りする」みたいな用法も横行している：

Sigmund Freud's *The Interpretation of Dreams* sold only 415 copies in the first two years.
　　　　*Sigmund Freud（ジークムント・フロイト）：オーストリアの精神分析学者
「フロイトの『夢判断』は発行当初の2年間で、わずか415冊しか売れなかった」

***Harry Potter and the Deathly Hallows* was released on July 21, 2007, and sold 11 million copies on the first day of its release.**
「『ハリー・ポッターと死の秘宝』は2007年7月21日に発売されたが、当日だけで1100万部売れた」

　いずれも「書籍がそれ自身をN部売った」という構図になっている。これは、多くの英語学習者が抱く「他動詞＋O」の健全な関係（下の例）に水を差すものである。

Disneyland does not sell chewing gum.
「ディズニーランドではチューイングガムは売っていない」

3 「読む」ではない read

> ★The sentence below [writes : reads] the same forwards and backwards.
> "MADAM I'M ADAM."

「下の英文は前から読んでも後ろから読んでも同じ——"マダム、私はアダム"」
正解 reads
　この例は有名な回文（palindrome）に関する記述。read はここでは「〜を読む」ではなく、「〜と読める、〜と書いてある」と解釈するしかない。辞書では自動詞に分類されているが、文法的分類なんてどうでもいい。

The year 1961 reads the same upside down. This will not happen again until the year 6009.
「1961 は逆さにしても 1961。次に、同様の数字になるのは 6009 年」

The bumper sticker reads :
IF YOU CAN READ THIS, YOU'RE TOO CLOSE.
「"これが読めるということは、お前は接近しすぎ"とステッカーに書いてある」

　1 つめの read が自動詞「〜と書いてある」、2 つめが他動詞「〜を読む」。
　A *Kamakura* resident picked up a bottle and noticed there was a letter inside. The message read: "Hello, my name is Hannah. If you found this bottle please send me an email. From, Hannah Bellevue, WA, U.S.A."
「鎌倉の住人が海岸で瓶を拾った。中にメッセージが入っていた。そこには "こんにちは、私の名前はハンナです。もしこの瓶を拾ったなら、メールをください。ハンナより——ベルヴュ、アメリカ、ワシントン州" と書いてあった」
　また read には、解せない他動詞用法がある。映画でしょっちゅう耳にする：
"Odyssey, this is Houston. Do you read me?"　——*Apollo 13*
「オデッセイ、こちらヒューストン。聞こえるか？」　——映画『アポロ 13』
　古くからある「読む → 読み取る → 理解する」の名残であろうか。以下も同様：
None of the Beatles knew how to read music. They could play the guitar, piano, and drums and write lyrics.
「ビートルズのメンバーは誰一人、楽譜を読めなかった。ギターとピアノとドラムを演奏することはできたし、詞を書くことはできたけど」

4

4 「移動、不動」を表す動詞は補語をとる

insult

★Any girl can be glamorous. All you have to do is [stand still : stay up] and look stupid.
—— Hedy Lamarr

*All you have to do is do: あなたは—してさえいればいい
「若い娘は誰でも魅力的になれるわ。じっとして、バカ面をさらしていればいいだけ」 —— Hedy Lamarr（オーストリア出身の美人女優）

正解 stand still

still はここでは形容詞「静かな」で補語。stand still は成句で「じっとしている」。stay up は「(寝ないで) 起きている」で、up は副詞。
「移動 (go, come, leave など)」と「不動 (stay, remain, stand など)」の動詞は補語をとる性質が宿る、と既に述べた。「留まる」の remain、「曲がる」の turn、「戻って来る」の return の例を確認しておく (stay は次項)：

The price of a Hershey bar **remained** 5 cents for 67 years, until 1970. The size shrank visibly though.
「ハーシーのチョコレートバーは1970年までの67年間、価格を5セントに据え置いた。サイズは見るからに縮まっていったけど」

McDonald's and Burger King sugarcoat their fries so they will **turn** golden-brown.
*so (that) S will do: S が—するように　fries: French fries (フライドポテト)
「マクドナルドとバーガーキングはフライドポテトが黄金色になるように糖衣処理をしている」

In 1900, young Winston Churchill escaped from a POW camp in Pretoria, South Africa. After many days, he **returned** home a celebrated hero.
*POW: prisoner of war (戦争捕虜)　celebrate の原義は「英雄の凱旋を祝う」。
「1900年、若きウィンストン・チャーチルは南アフリカ、プレトリアの捕虜収容所から脱走し、何日もかけて、故郷にたどり着き英雄として迎えられた」
*1900年第二次ボーア戦争で記者として従軍。ボーア人の捕虜となるも、脱走に成功した。

5 「〜にある」を表す自動詞 (be, stay, lie)

> ★A shrimp's heart [is : stays] in its head.
> 「エビの心臓は頭にある」

正解 is

be 動詞は補語をとって S+V+C ならば「C である」になるが、単独 (S+V) では存在を意味して「〜にある、いる」となる：

Long before he became *Iron Man*, Robert Downey Jr. was behind iron bars.

　　　　　　　　*Robert Downey Jr.：米国の男優。映画『アイアンマン』の主役。

「'鉄' 人になるはるか以前、ロバート・ダウニー・Jr. は '鉄' 格子の中にいた」

stay は一時的に「〜にとどまる」(S+V) から、補語をとる用法「〜の状態でいる」(S+V+C) も発達させた。以下の例は前者：

➡ **Would you like to be the Sun in my life?**
⇦ **Of course, yes!**
➡ **Then, stay 149,600,000 km away from me.**
➡ 「私の太陽でいてくれる？」
⇦ 「もちろんだよ！」
➡ 「じゃ、149,600,000 km 離れていてくれない？」

この場合、149,600,000 km away from me（私から離れて）は副詞的要素と解されるので、残った要素は stay ただ 1 つ、すなわち (S+)V（完全自動詞）となる。次例は補語(C)をとったケース：

The secret of staying young is to lie about your age.
　　　　　　　　　　　　　　　　　　　　── Lucille Ball

「若さを維持する秘訣は年齢を詐称すること」
　　　　　　──ルシール・ボール（米国の映画、テレビ女優、コメディアン）

似た構造を lie がとる。本来は「横たわる」だが、「〜にある」と訳すことが多い：

The two pieces of the Titanic lay 1,970 feet apart from one another on the ocean floor. 　　*lay＜lie の過去形。one another：互いに

「2 つに割れたタイタニックの船体は、互いから 1,970 フィートの距離を置いて海底に沈んでいた」

6 「見る」も「見える」も look

*Q: How are an apple and a murderer alike?
A: They [look : are looked] good when they're hanging from a tree.
Q：リンゴと殺人犯はどこが似ている？
A：両方とも木に吊るされている格好が似合う。

正解 look

look は補語 (C) をとって「C に見える」、at などをはさんで「O を見る」と大別できる：

I found there was only one way to look thin : hang out with fat people. —— Rodney Dangerfield（米国のコメディアン、男優）
「痩せて見える方法は 1 つしかない：デブと一緒にうろつくのさ」

Pigs can't physically look up at the sky.
「豚は物理的に空を仰ぎ見ることができない」

また、「O のように見える」と言うときは、look like + O とする：

High speed cameras have revealed that rain drops are not tear-shaped but rather look like hamburger buns.
「高速カメラで撮影すると、雨の滴は涙のような形状ではなく、どちらかと言うとハンバーガーのバンのような形をしていることが判明している」

感覚動詞 look はおおむね以下の 3 用法にまとめることができる：

① look + C：C に見える
② look at + O：O を見る
③ look like + O：O のように見える

が、しかし、この 3 つに収まらない用法もあるので、look は始末が悪い：

 **Lost your cat? Look under my tires.**
「えっ、猫がいなくなったって？
この車のタイヤの下を見てくれ」

Don't look a gift horse in the mouth.　cf. 馬の年齢は歯を見るとわかる
「馬を贈られても口の中を見るな（＝もらい物のあらを探すな）——諺」

7

7 「味わう」ではない taste

> *★Beetles [taste : taste like] apples.*
> 「カブトムシは（食べると）リンゴのような味がする」

正解 taste like

taste も look と同じ語法をとるので、look like + O に対応する taste like + O（O のような味がする）が適用される。この種の英文は類例が多い：

Wasps taste like pine nuts.
「スズメバチは（食べると）松の実のような味がする」
Worms taste like fried bacon.
「ミミズは（食べると）揚げたベーコンのような味がする」
Mm, it tastes like chicken.
「む、たとえようのない味だな」
　　　　　　*薄味で特徴のない鶏肉をたとえに用いた慣用表現。

look に対応する taste の 3 用法を確認しておく：

① taste + C：C の味がする
② taste + O：O を味わう
③ taste like + O：O のような味がする

　Honey doesn't spoil. Archaeologists found honey in the tombs of Egyptian pharaohs, and tasted it. It tasted good.
「ハチミツは腐らない。考古学者が古代エジプト王の墳墓でハチミツを発見した。彼らはそれを味わってみた。味は良かった」

> **People over the age of fifty start to lose their dislike for foods that taste bitter.**
> 《Second Harvest Food Bank of Orange County》
> 「人は 50 歳を過ぎると苦い食品に対する嫌悪が減少する」

しかし、taste にも look 同様、あいまいな用法がある：

Butterflies taste with their feet.
「蝶は足で味を感じる」

8

8 「感じる」も「感じられる」も feel

> *Blues is easy to play, but hard to [feel : be felt].
> —— Jimi Hendrix *blues：ブルース
> 「ブルースは演奏するのは簡単だが、感じるのは難しい」—— ジミ・ヘンドリックス

正解 feel

　この to-不定詞構文（副詞的用法「限定」→ p. 29）では、to-不定詞の目的語が主語の Blues なので、目的語をとる他動詞の feel（以下の②）が正しい。
　感覚動詞を代表する feel だから、やはり例の 3 用法がある：
① feel + C：C の感じがする
② feel + O：O に触れる；O を感じる
③ feel like + O：O（したい）ような気がする（*O は主に動名詞 doing）
　この内①の用法が最も多い。以下の 2 例で確認しておこう：
　If the amount of water in your body is reduced by just 1%, you'll feel thirsty. If it's reduced by 10%, you'll die.
　「体内の水分が 1% でも減ると人は喉の渇きを感じる。10% 減ると死ぬ」
　When you search for something on the Google homepage, you'll find the two options for searching: Google search and "I'm Feeling Lucky." The latter choice will bring you directly to the first site in Google's search engine.
　「グーグル検索をするとき、2つの選択肢が提示される：「Google 検索」と「ラッキー」だ。後者を選ぶと、検索結果トップのページに直接導いてくれる」
　②の用法を 2 つ挙げておく。第 2 例は must feel + O の受動形 O must be felt：
　Many people who read the word "yawn" begin to feel the urge to yawn.
　「多くの人は'あくび'という語を見ただけで、あくびをしたくなる」
　The best and most beautiful things in the world cannot be seen or even touched — they must be felt with the heart.
　　　　　　　　　　　　　　　　　　　　　　　　　　—— Helen Keller
　「この世に存在するもので、最も素晴らしく最も美しいものは決して見ることはできないし、触れることもできない――心で感じるしかない」――ヘレン・ケラー
　しかし、feel もやはり、上記公式からはみ出すような用法（①の類型）がある：
　This room feels very cold.（= I feel very cold in this room.）
　「この部屋はとても寒い」

9 他動詞は常に目的語をとる？

> ★Knowing is not enough; we must [apply : apply it]. Willing is not enough; we must [do : do it]. —— Goethe
> 「知っているだけでは十分でない。実際に応用しなければ意味がない。やる気があるだけでは十分でない。行動に移さなければ意味がない」——ゲーテ

正解 文法的には apply it と do it

ただし、原典ではどちらも目的語 it はない。故事成句や名言では文法が通用しないこともある。他動詞は本来、目的語をとる：

You love flowers, but you cut them. You love animals, but you eat them. You tell me you love me, so now I'm scared!
「あなたは花が好き、だけど花を切る。動物も好き、だけど動物を食べる。私のことが好きと言う、だから私は怖い」

他動詞は目的語をとるという定義は当てにならない。大切なのは、臨機応変に対応すること。意味がわかる動詞は自他の違いなど意識する必要もない。

Leonardo da Vinci could write with one hand and draw with the other at the same time. 《www.answers.com》
「ダ・ヴィンチは片手で文字を書き、もういっぽうの手で絵を描くことができた」

An American flamingo can eat only when its head is upside down.
「ベニフラミンゴは頭を逆さにしないと物を食べられない」

When GARBER first started selling baby food in Africa, they used the same packaging as in the USA. The picture of a baby was on the label. Later they were surprised to know that in Africa companies routinely put pictures on the label of what's inside. Most people couldn't read. *GARBER：米国の食品メーカー。
「G 社が初めてアフリカでベビーフードの販売を開始したとき、米国内と同じパッケージを用いた。赤ちゃんの写真が箱の外装にあった。後に、現地企業は習慣的に中身を表す写真を箱に用いると知って驚愕した。ほとんどの人が文字を読めなかったからだ」

目的語と意味が重複する動詞（dream a dream, sing a song, smile a smile）もある：

♪I dreamed a dream in time gone by♪ —— I Dreamed a Dream
「過ぎ去りし日の夢を見た」 ——『夢やぶれて』

第 1 章　動詞が文の型を決める

10 日本人が不得意とする他動詞(1/2)

> *Once Charlie Chaplin [entered : entered in] a contest for "Charlie Chaplin look-alikes" and he came in third.
> 「チャップリンそっくりコンテストに本人が出場したことがあった。3位入賞だった」　　　　　　　　　　　　　　《*factdrain.com*》

正解　entered

　通常、目的語が「場所」の場合、enter + O で「O (の中) に入る」。enter は元々、go into の意味なので前置詞をとる道理はない。
　一般的に、「接触、接近」(touch, reach, approach, enter, marry など)、およびその逆の leave (去る) などは他動詞と決まっている:

　A goal is not always meant to be reached, it often serves simply as something to aim at.　　　　　　　　　　—— Bruce Lee
　　　　　　　　　　　*be meant to do: —することになっている
「目標は必ずしも到達することを前提としていない。そこを目指して進むだけでもいいことも多い」　　　　　　　　　　——ブルース・リー

If you encounter a mountain lion, **face** lion. Back away slowly.
「もしマウンテン・ライオンに遭遇したら、じっと直視しろ。そのままゆっくり後ずさりしろ」
Poisonous Snakes **Inhabit** This Area
「有毒のヘビがこの地域に生息しているので注意」

　face + O は「O に直面する」で他動詞。inhabit (〜に生息する) は元々 in- がつくので、inhabit in … と重複しない。「〜と結婚する」もつい「with + 人」としたくなるが、しない:

➡ Hey I have to tell you something.
💬 Me too. Let's do it at the same time. 1, 2, 3
➡ Can we break up?
💬 **Marry** me?
➡ 「ねえ、大切な話があるの」
💬 「俺もだ。二人で同時に言ってみよう…1, 2, 3」
➡ 「別れて」
💬 「結婚してくれ」

11 日本人が不得意とする他動詞(2/2)

★Those who resemble [each other : to each other] assemble.

*assemble:（人）が集まる

「似た者同士は集まる」

正解 each other

X + resemble + Y で「X は Y に似ている」。「X と Y は互いに似ている」なら、X and Y resemble each other. で to の出番はない:

Eighty percent of Soviet males born in 1923 didn't survive World War II.

「1923 年に生まれたソ連の男の 80％ は第二次大戦後まで生きなかった」

sur- には「～を乗り越えて」のニュアンスがある。-vive は「生きる」という意味だから、目的語に応じて柔軟に対処する必要がある:

The Duke of Lancaster survived his son one year, and died in the sixty-fifth year of his age.　　　　　　　　　　*duke: 公爵

「ランカスター公は息子に先立たれた 1 年後、65 歳の生涯を終えた」

英語の発想では、survive + O（O を越えて生きる）、surpass + O（O に勝る、O を越える）、excel + O（O に勝る）、defeat + O（O を負かす）などは他動詞:

また、既に説明したとおり、「接触、接近」(touch, reach, approach, enter, marry など)、およびその逆の leave（去る）などもすべて他動詞。他に、「(話題など)に触れる」では mention + O（O を話題に持ち出す）と discuss + O（O を論じ合う）がある。

Columbus hoped to reach India, and believed that it could be reached by sailing west across the Atlantic.

「コロンブスはインドに達することを望んでいた。インドは大西洋を西に横断すれば到達できると信じていた」

join + O（O に加わる）や attend + O（O に出席する）も「接触」に入る:

Porsche's ideas for a small car were not popular at Mercedes-Benz. In 1929 he left it and joined Steyr Automobile.

*(Ferdinand) Porsche: 自動車メーカー、ポルシェの創業者。

「ポルシェの小型車志向はベンツ社では受け入れられなかった。1929 年彼はベンツ社を去り、シュタイヤー自動車に合流した」

*フォルクスワーゲン *Beetle* の設計をしたのはポルシェ。

12

12 多機能ゆえに混乱を招く動詞 (1/3)

insult

★At first I thought he was [walking a dog : letting a dog walk]. Then I realized it was his date.
—— Edith Massey in *Polyester*
*date：(主に米語スラング) デートの相手
「初め見たとき、犬を散歩させているのかと思った。よく見たら、彼女と歩いていたの」——映画『ポリエステル』(1981) Edith Massay の台詞

正解 walking a dog

厳密な意味で「犬を散歩させる」なら他動詞で walk a dog が正しい。同様に、「自転車を押して歩く」は walk a bike。英語圏では WALK YOUR BIKE (自転車は押して歩け) という道路標識がある。let a dog walk は「犬を歩かせる」。

walk は本来、自動詞「歩く」だが、1913 年頃、野球用語「(四球で一塁に) 歩かせる」という他動詞用法が出現した。

動詞が単なる「移動、変動」(go, (be)come, get, arrive, run, walk, pass, grow, turn, return など) を表すときは自動詞になる。したがって、これらの動詞に自他両用法がある場合は、上例のごとく、違和感が伴う。

次の例はある大学の試験会場の壁に書かれた落書き：

Time will pass. Will you pass the …?
「時間は過ぎてゆく。さて、きみは合格する…？」
　最初の pass は「移動、変動」の自動詞で「(時間が) 過ぎる」、2 つ目の pass は他動詞で「(試験など) に合格する」。残念ながら、ダジャレなので日本語に訳しても面白くもおかしくもない。

Moonlight becomes you. Total darkness would become you even more.
「月夜は君によく似合う。真っ暗闇ならもっといい」
become は詩的な表現で「〜に似合う」。他動詞「〜に似合う」は、形容詞 comely (顔立ちのよい) と become を同系語と混同した結果生じたきわめて特殊な用法。become はやはり自動詞で、「〜になる」が一般的：

insult

If you ever become a mother, can I have one of the puppies?
*puppy：子犬
「もし、あなたが母親になったら、一匹くれないかしら？」

13 多機能ゆえに混乱を招く動詞(2/3)

> ★A guinea pig will [make : become] a great pet.
> 「モルモットは素晴らしいペットになる」

正解 make

この make は意味的には自動詞「C になる」だが、構造的には他動詞「O を作る」で、どちらとも決定できない。本来は、make oneself + O（それ自身を O にする）の oneself 消失形と考えられるので、辞書では後者に分類されている。become と異なり、変化して「～になる」のではなく、それ自体に資質が備わっていることを含意する。

make はやはり、目的語をとる他動詞「O を作る」が基本：

To make a mistake is human, but to blame it on someone else, that's even more human.

「過ちを犯すのは人間的な行為。それを他人のせいにするのはもっと人間的な行為」

insult

次の make は他動詞なのか自動詞なのかよくわからない：

It takes both sunshine and rain to make a rainbow.
「太陽の光と雨があってこそ虹ができる」

この英文は形式的な主語しかなく、make の実質的な主体も不在なので、「虹をつくる」のか「虹になる」のか判断できない。

慣用句の make sure（確かめる、念を入れる）は明らかに「make + 形容詞」だから、この make は自動詞扱いするしかない。

BLACK

> Q: What do you do if you run over a politician?
> A: Back over him to make sure.   *run over: 車で轢く
> Q: もし政治家を轢いちゃったらどうする？
> A: バックしてもういちど轢く。

同様のケースは枚挙にいとまがない。繰り返し言うが、大切なのは context：

Humans are born with 350 bones, however when a person reaches adulthood they only have 206 bones. Many of them join together to make a single bone.

「人は生まれたとき、350 個の骨からできている。しかし、成人に達する頃、206 個に減っている。多くの骨がつながってしまうからだ」

14 多機能ゆえに混乱を招く動詞(3/3)

✲✲Teacher Strikes Idle Kids

［怠けた生徒を教師が殴る：
教員ストで生徒暇を持て余す］

《syntax discussion UCLA Department of Linguistics》

正解　どちらも可

　idle はここでは「⒜を遊ばせる、暇にさせる」を表す他動詞だが、同時に形容詞「怠惰な」も意味する。The teachers are on strike, which idles the kids. と置き換えられるが、A teacher strikes kids who are idle. とも解され得る。

　新聞、雑誌の見出しや告知文は、冗長を避け、最小限の要素のみを残す。特に、新聞は冠詞を省き、「過去」も「現在」で表すので、strikes が「過去」の動詞で「殴った」のか、単なる名詞（strike：ストライキ）の複数形なのかさえ区別がつかない。動詞の区別はつまるところ構造ではなく context 次第であることを痛感する。次も同様の例文：

The old train the young.

　The old train と聞いただけで The + 形容詞 old + 名詞 train、すなわち「古い列車」を連想してしまう。この先入観のせいでその後の構造を完全に見失う。train には他動詞「訓練する、鍛える」がある。主語と目的語は the old (people) と the young (people) の文法に従い、「年寄り」と「若者」を表す。訳は：「年寄りが若者を鍛える」

REAGAN WINS ON BUDGET, BUT MORE LIES AHEAD　　　　*Reagan：レーガン大統領

lie を自動詞「横たわる、ある」ととらえれば次の訳になる：「レーガン大統領予算案可決に勝利するも前途は多難」。「嘘」ととらえれば、「まだまだ嘘は続く」という意味になる。

New Vaccine May Contain Rabies　　　　*rabies：狂犬病

　contain は多機能というよりは多義語。「O を内包する、含む」でお馴染みだが、原義は「O を包み込む」なので、対象が病原菌だったら、これを「封じ込める」とか「拡散を食い止める」であってもいい。上例は丁寧に記述すれば、New Vaccine May Stop the Spread of Rabies となるだろう。「狂犬病菌を含む」ではない：

　「新開発ワクチン、狂犬病を封じ込めるか」

15 人を目的語にとる動詞、とらない動詞

> ★I'm used to explaining [people : to people] why my jokes were funny. —— Gilbert Gottfried（米国のコメディアン、男優）
> *be used to doing：—することに慣れている
> 「なぜ私の冗談が面白いのか、いつも人々に説明しているんだ」

正解 to people

explain＋O は単に目的語をとって「O を説明する」を表すだけ。

「説明する」だから、当然、explain＋人＋物（人に物を説明する）を期待するが、英語では、「伝達」の動詞 (explain（説明する）、complain（不平を言う）、apologize（謝る）、suggest（提案する）、say（言う）、speak（話す）、talk（語る)) は「人」を目的語にとらない：

People complain about people complaining too much.
「人は文句を言いすぎると文句を言う人がいる」

*people complaining は動名詞（→ p. 60)

とりわけ apologize は典型的な自動詞で、謝る相手も、謝る理由も目的語としてとることができない。その結果、be sorry for ～（～の理由で謝る）と同じ構造をとる：

Charlie the beagle took Laura's toy and walked off with it. Baby Laura started crying. Charlie came back to apologize for his error and gave Laura a toy.
「ビーグル犬のチャーリーはローラのおもちゃを取って歩き去った。赤ん坊のローラは泣き出した。チャーリーは自分の過ちを謝るため戻ってきてローラにおもちゃを返した」

「伝達」の動詞で人的目的語にとれるのは tell＋人＋物 だけ。ただし、tell の本義は「言う、話す」ではなく、「情報を与える」で、give（人に与える）、teach（人に教える）、inform（人に知らせる）などの仲間：

Some cats have survived falls of over 20 meters. The eyes and balance organs in the inner ear tell it where it is in space. So a cat can land on its feet.
「20 m 以上落下しても死ななかった猫がいる。目と内耳の平衡器官が猫に空中での位置を教える。そのため、足から着地できる」

第 1 章　動詞が文の型を決める

16　S＋V＋㊅＋㊓ の構造をとる動詞 (1/4)

★Tiger Woods cheated on his wife. It eventually [paid : cost] him $12 billion.　　　*cheat on ...：…を裏切って浮気する
「タイガー・ウッズは浮気し、結局 120 億ドルを支払う羽目に陥った」

正解　cost

　cost＋㊓ は本来「O を犠牲にする」を表す。この場合、cost him だけだと、「彼を犠牲にする、命を奪う」を意味することになる。paid him $12 billion は逆に「彼に 120 億ドルを支払った」の意味。
　cost は、㊅ が you の場合、㊓（金額）のみで表現することがはるかに多い：

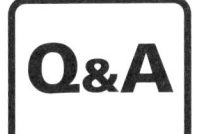

Q: Is 4,200 Yen sufficient to get from *Shinagawa* to *Fujiyoshida*?
A: *Shinagawa* to *Fujisan-eki* by bus will cost (you) 2,000 Yen.
Q：品川から富士吉田まで、4,200 円で足りるか？
A：品川駅から富士山駅はバスで 2,000 円かかる。

以下にこの文型の類例を挙げる。㊓ に下線を引き、㊅ を斜体字で表記しておく：

The U.S. government didn't grant *Native Americans* citizenship until 1924. But nearly 13,000 of them served in World War I.

「米国政府は 1924 年まで先住民に市民権を認めなかった。しかし、第一次大戦で 13,000 人近い先住民が米兵として従軍した」

♪I'd like to buy *the world* a Coke♪　　　── Coca-Cola 1971
「世界中の人にコーラを買ってあげる」　　──コカ・コーラ（CM ソング 1971）

Many thought that British Prime Minister Neville Chamberlain's policy of appeasement toward Hitler was a mistake, but his defenders claimed that it bought *Britain* time to prepare for war.　　　　　　　　　　　　　　　　　　*appeasement：妥協、譲歩
「英首相チェンバレンがヒットラーに対してとった宥和政策は一般的に失敗であったと考えられていた。しかし、そのおかげで英国は戦争準備の時間稼ぎをすることができた、と彼を擁護する人々もいた」

　buy（買う）はこの構造をとる動詞の代表だが、上記第 2 例は buy＋㊅＋㊓ で「㊅ に時間を買ってあげる → ㊅ に時間稼ぎをさせる」を意味する。

17

17 S＋V＋㋐＋㋕ の構造をとる動詞(2/4)

> ★Because of a metal shortage, the Oscars which were [given out : given to] during World War II were made of plaster.
> 「第二次大戦中は金属が不足していたので、(アカデミー賞で)授与されたオスカー像は石膏で作られていた」

正解　given out

be given to＋㋐ (㋐に与えられる) の㋐が言及されていないので、ここでは不可。単に give out (配布する) の受動態でいい。より正確には … which were given out to the winners となる。

この構文は、受動態で表現されることも多い。間接目的語㋐ (斜体字) が主語になる場合と直接目的語㋕ (下線部) が主語になる場合があるが、概して㋐が多い：

Albert Einstein was offered the role of Israel's second President in 1952, but declined.　　　　　　　　　　　*offer：(案や仕事) を提示する
「アインシュタインは1952年、第2代イスラエル大統領の職を提示されたが断った」

The rival of Coca-Cola, Pepsi was in a financial crisis in the early 20th century. Coca-Cola was afforded the chance to buy the Pepsi company. But it declined. The two have battled for supremacy in the cola market ever since.
「コカコーラの宿敵、ペプシは20世紀初頭、経営危機に陥った。コ社はペ社を買収する機会を与えられたが、断った。(ペ社は再建され)以来、コ社とコーラ市場の覇を競っている」

The richest cat is *Blackie who* was left £15 million by his owner.
「この世で最も裕福な猫は飼い主に1500万ポンドの遺産を譲渡されたブラッキーだ」

結局、この構文は同時に2個の目的語をとるので、不用意に受動態 (*目的語が主語になる構文) を使うと混乱を招く。以下の例は英語圏の言語系サイトで有名な'悪文':

The girl told the story cried.

They told the girl the story (少女にその話をした) は文法的には The girl was told the story. と置き換えられる。だが、分詞として直接、主語に続けると、とたんに構造が乱れる。The girl (who was) told the story cried. と補うべき。意味は「その話を聞かされた少女は泣いた」となる。

18

18 S＋V＋㊤＋㊥ の構造をとる動詞(3/4)

★★Mary [gave : was given] the child the dog bit a Band-Aid.

「メアリーは犬に咬まれた子にバンドエイドを与えた」

正解 gave

この例文も前項で扱った'悪文'の1つ。Mary **gave** the child (whom) the dog bit / a Band-Aid. と補うとわかりやすい。しかし、混乱を避けるには、前置詞 to を置いて分離したほうがいい：

Mary gave a Band-Aid <u>to</u> the child the dog bit.

この文型は、おおむね S＋V＋㊥ to ㊤ で置き換えられる。よって、基本的な受動形は次の3種に集約されるが、③は現代英語では使われない：

① *Mike* was given a <u>flower</u>.　　◎
② A <u>flower</u> was given to *Mike*.　◎
③ A <u>flower</u> was given *Mike*.　　×

③の構造について、米国系言語フォーラムで native speaker が皮肉っている：

③ **is the same as "A flower was given** water.**" It's the passive form of "Someone gave the flower** water.**" or "Someone gave** water **to the flower." If you are happy with a flower receiving a person as a gift, then it is fine.**　　《*wordreference forums*》

「③は"花に水が与えられた"と同じだ。つまり"誰かが花に水をやった"あるいは"誰かが水を花にやった"の受身構造だ。もし"花に贈り物として人が与えられた"という文で構わないなら、③でもいいけど…」

大切なのは、③の構造がいけない、と言っているのではないことだ。「花 ← 水」はいいが「花 ← 人」はダメ、つまり、context の問題ということになる：

The tulip was native to Turkey and were introduced in Europe in the 16th century. They were given the name **"tulip," which is the Persian word for "turban." It was so named because its bloom resembled a Turkish turban.**

「チューリップはトルコ原産で、16世紀に欧州に持ち込まれた。ペルシャ語でターバンを意味する名前をつけられた。その花がトルコ人のターバンに似ていたからだ」

19

19 S+V+㋪+㋡ の構造をとる動詞 (4/4)

> ☆He, the angel, showed [me it : it me].
> 「天使は私にそれを示した」
> 　　　　　　　　*The Whole Works of John Bunyan. Volume III* (1862)
> 　　　　　　　　　　　　*John Bunyan:『天路歴程』の著者。

正解　me it

ただし、1862 (文久2) 年当時の文法に基づく。現代なら it to me。

この文型が代名詞を含む場合、その語順は時代と地域によって、揺れ動いてきた。許容度は以下の如く3段階に分けられる：

【100%理解される】	【100年前なら可】	【意味は通じるが不可】
He gave **it** to me.	He gave me **it**.	He gave **it** me.
He showed **it** to me.	He showed me **it**.	He showed **it** me.
He told me about **it**.	He told me **it**.	He told **it** me.

Experience is a comb which nature gives to men when they are bald.
「経験は、男の頭がはげてきた頃、自然が彼らに与える櫛のようなもの——諺」

前置詞を to にするか for にするかは、おおむね動詞の意味による：

【to 型】　give, write, read, show, teach, tell, sell, send, lend, bring, take, pass

① give him money　　　　　　→ give money **to** him
② send him a letter　　　　　→ send a letter **to** him
③ read my kids a book　　　　→ read a book **to** my kids

【for 型】　get, make, buy, find, do, bake, cash, save

④ make him coffee　　　　　　→ make coffee **for** him
⑤ buy him a sweater　　　　　→ buy a sweater **for** him

概して、④「作ってから与える」とか⑤「買ってから与える」のように二重の手間がかかる行為に対して for を用いる傾向がある。が、微妙なケースもある：

　give him a gift (彼にプレゼントを贈る)　　→ give a gift **to / for** him
　sing you a song (あなたに歌ってあげる)　→ sing a song **to / for** you

We tend to think caged birds are singing songs for us, when indeed they cry.
「我々はかごの中の小鳥は我々のために歌っていると思いがちだが、実は、小鳥は泣き叫んでいるのかもしれない」

20 S＋V＋O＋C の構造をとる動詞(1/3)
*分詞、不定詞の C は除く

⚡Q: What did the lawyer [name : want] his daughter?
A₁: Sue. Too corny!
A₂: A joke my teacher would tell.
　　　*sue：訴訟を起こす　corny：陳腐な
Q：弁護士が娘につけた名前はな〜んだ？
A₁：Sue（スー）。古臭っ！
A₂：昔、私の先生がよく使っていたダジャレ。

正解　name

　name はこの文型の代表で、name＋O＋C（O を C（補語）と名づける）を表す。want＋O（his daughter）＋C（Sue）の語順はない。O＝C の関係が成り立ち、受動態は O＋be＋named＋C で表せる。いくつかの類例がある：
　***Snickers* was** initially **named** *Marathon Bar* because "snickers" rhymes with "knickers," a British colloquialism for someone's underwear.　*Snickers：米国マース社が販売しているスナックバー。rhyme with＋O：O と韻が一致する　colloquialism：口語体
　「スニッカーズは最初、マラソンバーという名前だった。イギリス英語の口語でパンティーを意味する knickers と韻を踏んでいたからだ」
　この構文をとる動詞は 3 つのカテゴリーに分類できるが、順に紹介してゆく。
　① C と呼ぶ、C に選ぶ：(nick)name, call, elect, appoint（任命する）など。
Q：Would I **be considered** small in Japan? I'm 145 cm tall.
A₁：Yes, you will. Japanese women average around 158 cm.
A₂：145 cm is enough to **be called** small in Japan if you are an adult.
Q：I'm a third grader.　　　　　　　　《YahooanswersUSA》

Q：身長 145 cm なんだけど、日本では背が低いって思われるかな？
A₁：ええ、かなり低いほうね。日本の女性は平均 158 cm だから。
A₂：成人なら 145 cm はチビって言われるわ。
Q：小学校 3 年なんだけど。
　上記 consider＋O＋C（O を C だとみなす）はこの文型だが、次項②の語群に属する。

21 S＋V＋O＋C の構造をとる動詞（2/3）

> ★I [find : make] it so funny that people find me so interesting.
> —— Britney Spears
> 「みんなが私をとても面白いって言うのがとてもおかしくて」
> ——ブリトニー・スピアーズ

正解 find

find が 2 個使われているが、どちらも同じ用法で「O が C であると気がつく、O を C だと思う」。make＋O＋C（O を C の状態にする）は次項で扱う。

② このカテゴリーの大雑把な意味は「O を C だと考える［気がつく］」で find が代表的。think, believe, consider など「思考」関連の他動詞が属する：

One morning I found myself famous and then I awoke.
「ある朝気がつくと私は有名になっていた。そして目が覚めた」
英国の詩人 George Gordon Byron（1788–1824）の有名な言葉
I awoke one morning to **find** myself famous.（ある朝目が覚めたら、私は有名になっていた）のパロディー。

D. Webster ran for president and lost three times. He declined the Vice Presidency twice because he thought it a worthless office. Both presidents who offered it to him died in office.

*run for president：大統領選挙に出馬する　in office：在職中
「D. Webster は 3 回大統領選に出馬したが落選した。副大統領の職を 2 回提示されたが断った。彼にとっては価値のない地位だった。彼に依頼した 2 人の大統領はその後、在任中に死亡した（ので、副大統領職を受けていれば D.W は大統領になっていた）」

Tourists visiting Iceland should know that tipping at a restaurant is considered an insult.　《*StrangeFacts.com*》
「アイスランドを訪れる人は、レストランでチップを渡す行為は軽蔑と受け取られることを知っておくべきだ」

consider＋O＋C で「O を C だとみなす」を表すが、ほぼ同意で regard [think of, look upon] A as B があるので、近年、consider A as B も認められつつある。

第1章　動詞が文の型を決める

22　S＋V＋O＋Cの構造をとる動詞（3/3）

*Texting is a waste of time and energy. It [puts : makes] us dumb. Why do I keep on texting you? It's for the simple reason. You're someone who is worth all that trouble.

*worth＋O：Oを受ける価値がある

「メールなんて時間と労力の無駄使いだよ。お互いに喋らなくなるし。なんで君にメールし続けているんだろう？　理由は簡単さ。君にそれだけの価値があるからさ」

正解　makes

make us dumb は「私たちを黙った状態にしてしまう」と直訳できる。put もこの文型をとるが、happy や dumb を C にとることはない。

③「C の状態にする」でまとめられるこの動詞群には make, keep, leave, drive, get さらに paint（O を C 色に塗る）などがある：

You can make the number seven even ... by dropping "s".
「7 (seven) を偶数 (even) にすることができる ... seven の s を取り除けばいい」

When the Black Death swept across England, one theory was that cats caused the plague. Thousands of cats were killed, but ironically those who kept their cats in their houses were less affected by the disease. This is because cats kept their houses clear of the real source of infection, rats.

*plague: 疫病　　less: より少なく　　clear of＋O：Oがない

「黒死病（ペスト）が英国を席巻したとき、この疫病の感染源は猫だという説が流布した。何千もの猫が殺処分されたが、皮肉にも、より感染を免れたのは猫を飼っている人々だった。猫が真の感染源であるネズミを駆除していたからだ」

　上記文中、keep＋O は「O を飼っている」で、単純な S＋V＋O の構造。keep ＋① clear of＋② は「①を②のない状態に保つ」と直訳される。

Get my swan costume ready.　── Anna Pavlova（1931）
「私の白鳥の衣装をここへ」
　　　　　　　　　　──アンナ・パブロワ（ロシアのバレリーナ）

last words

第 2 章
to do が副詞、形容詞、名詞の働き

　英文中で to be とか to do とあったら、これは to-不定詞と呼ばれる。to-不定詞は英文法の中で最も多様な働きをする領域。例えば to do だけでも、「─するために」と訳すことも「─するための（物）」と訳すこともある。時には、「─すること」と解釈することもあり、それぞれの用法に文法的な名称がついている。しかし、これはあくまで、文法書とそれを読む人との間の約束事にすぎない。名称を知っていることと英文を理解できることとは何の関係もない。便宜的に、本書でも各項目にその名称をつけてあるが、あまり気にする必要はないし、気にしたところで、読解力が増すものでもない。

　英文中で to がついていない be とか do だけが現れたら、これは原形あるいは（原形）不定詞と呼ばれる。原形の do は普通の動詞の現在形と同じであるが、本質的に別物である。例えば、I do my homework every day.（私は毎日宿題をやる）における do は動詞の現在形だが、Help me do my homework.（私の宿題を手伝ってほしい）における do は原形だ。

　本章は to-不定詞と原形不定詞に大別されるが、後者が占める割合はわずかなので、最終部に主に「使役動詞」の項でまとめておく。「知覚動詞」でも原形動詞は現れるが、doing や done と同じ環境で使われるので、後でまとめて扱う。

1 副詞的用法「目的」

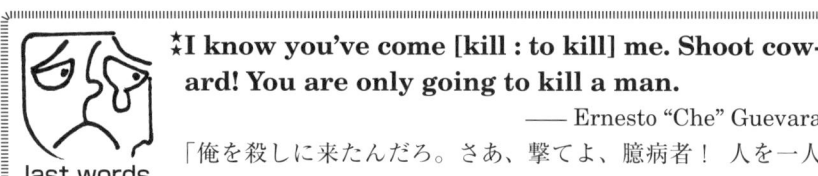

> ☆I know you've come [kill : to kill] me. Shoot coward! You are only going to kill a man.
> —— Ernesto "Che" Guevara
> 「俺を殺しに来たんだろ。さあ、撃てよ、臆病者！ 人を一人殺すだけじゃないか」
> ――チェ・ゲバラ（*1967年10月9日、ボリビア政府軍兵士に向かって革命家チェ・ゲバラが銃殺直前に吐いた言葉）

正解 to kill

come see（会いに来る）や go eat（食べに行く）の語順は現代スラングでは可能だが、上例はかなり古い引用文なので、正規の文法に従う。

「do₁ するために do₂ する」という意味なら do₂ + to do₁ の構造をとる。述語動詞 do₂ につながるので「副詞的用法」、さらに意味が「～するために」なので「目的」と呼ばれる。「目的」を前面に出したいときは、やはり文頭に近づけることが多い。to-不定詞の最も原始的過程なので、頻度も最も高い。

Jerk to Inflate [Pull a cord to activate inflation].
　　　　　　　　　　　　　　　*どちらも同じ context で同意。
「（コードを）ぐいと引っ張ると（ライフジャケットが）膨らみます」

「目的」は「条件・仮定」や「結果」と区別できないこともある。上記英文は「膨らませるには〈目的〉」でもいいし、「膨らませたいなら〈条件〉」でもいい。「〈その結果〉膨らむ」と解釈してもいい。根は1つなので、時に、用法分類をしても意味がない。

Click here to see more [to become a member, to apply online, to sign up, to register online].
「もっと見るには［メンバーになるには、オンラインで申し込むには、サインアップするには、オンラインで登録するには］ここをクリック」

You do not need a parachute to skydive. You only need a parachute to skydive again.
「スカイダイビングをするのに落下傘は不要だ。落下傘はもう一度スカイダイブするために必要なだけだ」

I am a thief and I am here to steal ... your heart.
「俺は盗人だ。盗むためにここへ来た…君の心を」

26

2 副詞的用法「結果」

> ☆Michael Jackson was a poor black boy who grew up [become : to be] a rich white woman.
> —— Molly Ivins（米国の評論家、コラムニスト）
> 「マイケル・ジャクソンは可哀そうな黒人の男の子。成長して大人になったら裕福な白人女になっちゃった」

正解 **to be**

and became なら間違いではない。「結果」には独特の動詞の組み合わせ（変化の動詞＋be [become]）が多い。

Only 10,000 people visited Walt Disney World during its opening year, but that number soon grew to be an average of 10,000 people an hour.
「ディズニーワールドは開園初年度、入場者はわずか 10,000 人だったが、ほどなくして、1 時間の平均入場者数が 10,000 人になった」

In 1923, Porsche left Austro-Daimler and moved to Daimler. It soon merged with Benz & Cie to become Mercedes-Benz.
「1923 年、ポルシェはアストロ・ダイムラー社を去りダイムラー社に移った。ダイムラー社はやがてベンツ＆ Cie 社と合併してメルセデス・ベンツになった」

これを「メルセデス・ベンツになるために」と「目的」で訳したら、文意を損なう。

「結果」用法には慣用句 only to do（結局―しただけだった）と never to do（その後二度と―することはなかった）がある：

Ford introduced the *Edsel* in 1957, only to stop production by 1959.
「フォードは 1957 年（新車種）Edsel を発売したが、翌々年生産を中止した」

Howard Hughes built the largest aircraft ever built. It flew on November 2, 1947. But it was rejected by the Pentagon, and put into storage, never to be flown again.

　　*Howard Hughes：米実業家、映画製作者、飛行家。20 世紀を代表する億万長者
「ハワード・ヒューズは世界最大の航空機を製造した。1947（昭和 22）年 11 月 2 日、飛行に成功した。しかし、（既に戦争も終結していたので）ペンタゴンに購入契約を拒否されたため、倉庫に保管され、二度と飛ぶことはなかった」

3 副詞的用法「感情の原因」

> *I am a black American, I am proud of my race. I am proud of who I am. I have a lot of pride and dignity.
> I'm happy to [being : be] alive, I'm happy to [being : be] who I am.　　—— Michael Jackson
> 「私は黒人のアメリカ人だ。自分の民族に誇りを持っている。自分自身にも誇りを持っている。自尊心も気高さも十分に持っているつもりだ」
> 「私は生きていて嬉しい、今の自分でいられて嬉しい」
> 　　　　　　　　　　　　　　　——マイケル・ジャクソン

正解　**どちらも be**

「感情の原因」は副詞的用法の中でも最もわかりやすい。「驚き」や「喜び」の感情表現が補語をとる動詞とともに to-不定詞に先行する。おおむね「―して驚く [嬉しい]」などと訳す。

　　On March 24, 2012, a couple from Manchester invited the Queen to their wedding as a joke. She turned up. They were stunned to be greeted by name by the Queen.
「2012年3月24日、マンチェスターの男女がユーモアを込めてエリザベス女王を自分たちの結婚式に招待した。はたして、女王は姿を現した。二人は女王に名指しで挨拶されて気絶するほど驚いた」

しかし、仮定法（→ p. 92 下記英文では would）に支配された文意では、「もし―したら」と訳すほうが自然で、この場合、to-不定詞は「条件・仮定」と呼べるかもしれない。適切な訳出ができるなら、文法的分類などどうでもよいが…:

　I think Mick Jagger *would* be astounded and amazed to realize that to most people he is not a sex symbol but a mother image.
　　　　　　　　　　　　　　　　　　　　　　　—— David Bowie

*Mick Jagger: イギリスのロックバンド、ローリング・ストーンズのボーカル。David Bowie: ビートルズ、ローリング・ストーンズ、クイーンらと並んで、20世紀のイギリスを代表するロック・スター。

「多くの人にとってミック・ジャガーはセックスシンボルなんかじゃなくて母親のイメージなんだと本人が知ったら、彼は肝をつぶして驚愕するだろう」
　　　　　　　　　　　　　　　　　　　　　——デヴィッド・ボウイ

4 副詞的用法「形容詞の限定(1/3)」

> ☆Food that drops on the floor is safe [to eat : to eat it] if you pick it up within five seconds.
> 「食物は床に落ちても5秒以内に拾えば、食べても安全」
> *単なる俗説。

正解 to eat

eat food that drops on the floor の関係が成立するので、it は不要。
この用法は一定の形容詞をとるので見分けは容易。最も多いのは hard [difficult]（難しい）と easy（易しい）で、safe（安全な）や dangerous（危険な）が来ることもある。おおむね、「～するのが（難しい、危険だ）」と直訳される：

Toothpaste in a tube is easy to take out but hard to put in.
「チューブに入った歯磨きは出すのは簡単だが入れ戻すのは難しい」

Q: What Japanese products are famous or hard to get in USA?
A: *Zojirushi* appliances are expensive outside Japan. *Mizuno* winter sports gear is hard to come by outside of Japan.
Q: 有名な日本製品とか、アメリカで入手困難な日本製品って何かある？
*come by ...：…を獲得する
A: Zojirushi 製品は日本の外では高いぜ。Mizuno のウィンタースポーツ用品も日本以外じゃなかなか手に入らないな

➡ Let's play hide-and-seek in the park.
⇦ No
➡ Why?
⇦ Because a girl like you is impossible to find.
➡「ねぇ、公園でかくれんぼしようよ」
⇦「いやだよ」
➡「なぜ？」
⇦「だって、君みたいな女の子はぜったい見つからないもん」

5 副詞的用法「形容詞の限定(2/3)」

> ★The chicken is ready to eat.
> ［① チキンは調理済みだからいつでも食べられる：
> ② 鶏はいつでも餌を食べる状態にある］

正解 どっちとも言えない

be＋形容詞＋to do は上例のように2とおりに解釈できる場合もある。

この構造は native speaker の間でも「曖昧な文」としてやり玉にあげられる。子どもなどに意味の違いを噛み砕いて説明するとき、よく引用されるのが以下の例文：

① The chicken is (cooked and is now) ready to be served.
② The chicken (woke up and got dressed and now it) is ready to eat.
①「チキンは(調理したから、さあ)いつ食べてもいいわよ」
②「鶏が(朝起きて、身支度を整えて、さあ)餌を食うぞ」

また、この構造は、文末の to do を to be done (過去分詞)とすることもあるので、さらに混乱を増幅する。「文頭の主語が文末 to do の目的語になる」というルールがここでは崩れる：

> Broadcast clearance body *ClearCast* ruled the ad, which claimed consumers could save up to 2,000 plastic bottles every year by using *SodaStream* to make soft drinks from tap water at home, was not fit to be aired.
> 「(英国のテレビCM) 放送倫理団体 *ClearCast* は"水道水からソフトドリンクを作る *SodaStream* を使えば、1年間ペットボトルで最高2000本分を節約できる"と消費者を煽る、このCMは放送されるべきではないと裁定した」

なお、②の定型構文には、be willing to do (喜んで―する)、be sure to do (確かに―する)などたくさんある。to do が主語を目的語にとっていないので「限定」用法ではない：

Six Wars China Is Sure to Fight In the Next 50 Years　　《*Wenweipo, July 8, 2013*》
「中国が今後50年間で必ず戦う6つの戦争」

第 2 章　to do が副詞、形容詞、名詞の働き

6 副詞的用法「形容詞の限定 (3/3)」

> ✯During the early 1900s, the hamburger was thought to be unsafe [to eat food : food to eat], and food for the poor.
> 　　　　　　　　*be thought to be …: …であると考えられている
>
> 「1900 年代初め、ハンバーガーは安全な食品ではなく、貧しい人々のための食べ物だと考えられていた」

正解　food to eat

　unsafe food to eat は「食べて［食べるのが］危険な食物」と直訳できる。すなわち unsafe to eat という前項の用法の中に、名詞 food が割り込んだ格好になっている。food to eat だけを注目すると、「食べるための食物」と直訳でき、これは、もはや「副詞的」ではなく「形容詞的」（後述）と呼ぶべきかもしれない。しかし、訳出の仕方は「限定」に近いので、この項で扱うことにする（native speaker が聞いたら、「どうでもいい」と一笑に付すだろうが）。

　Brains are <u>unhealthy organ</u> to eat because they are high in cholesterol and fat.
　「脳はコレステロールと脂肪を大量に含む部位なので食材としては不健康だ」

　A study at the University of Chicago concluded in 1907 that yellow is <u>the easiest color</u> to spot. This is why John Hertz, the founder of the Yellow Cab Company chose cabs to be yellow.
　　　*spot …: …を見つける　John Hertz と the founder of the Yellow Cab Company は「同格」で並んでいる　choose + O to be C: O が C になることを選ぶ
　「1907 年、シカゴ大学の研究によると、人間にとって最も目につきやすい色は黄色だという結論が出た。そこで、イエロー・キャブの創業者 John Hertz は自社のタクシーを黄色にすることに決めた」
　　　　　　　　　　　　*John Hertz: Hertz レンタカーのオーナーでもある。

　The top ten <u>hardest languages</u> to learn: 1 Chinese, 2 Greek, 3 Arabic, 4 Icelandic, 5 Japanese, 6 Finnish, 7 German, 8 Norwegian, 9 Danish, 10 French　　　　　　　　　　　　《*peopledaily.com*》
　「習得が困難な外国語トップ 10：1 位 中国語、2 位 ギリシャ語、3 位 アラビア語、4 位 アイスランド語、5 位 日本語、6 位 フィンランド語、7 位 ドイツ語、8 位 ノルウェー語、9 位 デンマーク語、10 位 フランス語」

31

7 副詞的用法「判断の根拠」

> ★You must be crazy [you drink : to drink] a Starbucks coffee in Germany where there are so many places to get good German coffee.
> 「おいしいジャーマン・コーヒーの店がたくさんあるのに、ドイツでスターバックスのコーヒーを飲むなんて、頭がおかしいんじゃないの？」

正解 to drink

be crazy that ... という表現はない。

副詞的用法の中でも最も使用頻度が少ない。「—するとは（愚かだ）」とか「—するなんて（まあ親切なこと）」などと訳される。必然的に must be crazy [a fool] to do (—するなんて頭がおかしい [愚かな人間] に違いない)、be dreaming to do (—するとは夢でも見ているのか) とか be very kind [cruel, lucky] to do (—するとは何と親切な [残酷な、幸運な]) といった語順が多くなる:

**You're lucky to be born beautiful, unlike me.
I was born to be a big liar.** ＊to be の用法は「結果」。
「美人に生まれてよかったわね。私なんかと違って。
私は大嘘つきに生まれちゃった」

Angelina Jolie was unfortunate to have inherited the *BRCA1* gene mutation that would give her high risk of developing breast cancer in her lifetime.
　　　　　　　＊BRCA1 gene mutation: BRCA1 (がん抑制遺伝子) の変異
「アンジェリーナ・ジョリーは不幸にも BRCA1 の変異を受け継いでいたが、それは彼女の生涯で乳ガンを発症する確率を高くする要因であった」
「to have ＋過去分詞 (inherited)」は述語動詞 was (過去) より以前の発生であることを明示するために用いられた時制」(→ p.44) で、この構文にはつきもの：

> **To the Jeffrey family, I am so sorry to hear about the loss of Tony. What a cruel fate to have lost your two boys!** ＊to hear ... は「感情の原因」。
> 「Jeffrey 家のみなさま、Tony が亡くなったと聞いて悲嘆にくれています。2人目の息子まで失うなんて、何と残酷な運命でしょう」

第2章 to do が副詞、形容詞、名詞の働き

8 形容詞的用法「抽象名詞＋to-不定詞」

★She was a stray dog wandering the streets of Moscow. She was chosen because of her ability [of coping : to cope] with the extreme cold and hunger. She was trained for space travel.　　*stray dog: 野良犬　cope with ...: …にうまく対処する

「彼女はモスクワの街をうろつく野良犬であった。極寒に耐え、飢えをしのぐ能力が買われて彼女が選ばれた。彼女は（ライカと名づけられ）宇宙飛行の訓練を受けた」　　　　　　　　　　　　　　　　　　　*次頁へ続く。

正解 to cope

　ability of doing のような言い方は現代英語では使われない。
　ability to cope with ...（…にうまく対処する能力）のような使い方が形容詞的用法では最も多い。特徴は ability（能力）とか desire（願望）などの抽象名詞を修飾すること。抽象名詞の質に応じて、「―することができる能力」や「―したいと願う気持ち」などと訳出を調整する必要がある。

Every girl has the right to be ugly, but you abused the right.
「女性は誰でもブスでいる権利を持っている。しかし、いくらなんでも、あなたは権利の乱用だ」

insult

　Billy Crystal was originally offered the chance to voice Buzz Lightyear, but declined and after seeing the finished film, he said the decision was the biggest mistake of his career.
　　　　　　　　　　　　　　　*voice ...:（アニメ・キャラ）の声優をやる
　「（米俳優の）ビリー・クリスタルは当初、（『トイ・ストーリー』の主役）バズ・ライトイヤーの吹き替えを提示されたのに断った、が、完成された映画を見た後、"人生最大のミスを犯してしまった" と悔やんだ」

Originally French toast was a way to make use of old and stale bread.
「フレンチトーストは元々、古くて硬くなったパンを再利用するための工夫であった」

In *Alice in Wonderland*, a Mushroom gives Alice the power to shrink or grow.
「『不思議の国アリス』で、マッシュルームはアリスに伸縮自在の能力を授ける」

33

9 形容詞的用法「序数＋to-不定詞」

> ★**She was named _Laika_ and became the first animal [orbiting : to orbit] the Earth.**　　*orbit ...：（軌道に沿って）…を回る
> 「彼女はライカと名づけられ（スプートニク 2 号で）地球軌道を周回した最初の動物となった」

正解　to orbit

to orbit は前項と同じ形容詞的用法だが、the first などの序数とよくペアで用いられ、「～した最初の（人間）」と結果的に訳す。当然ながら、冒険や科学的発明の話題中で頻出する:

Tokyo Disneyland was the first Disney park to open outside of the United States.
「TDL はアメリカ以外で開業した最初のディズニーのテーマパークとなった」

***Please Mr. Postman* was the fourth song to hit #1 on the pop charts twice (the Marvelettes in 1961 and the Carpenters in 1975).**
　　　　　　　　　　　　　　　　　　　　　　　*#1 = number one
「*Please Mr. Postman* はポップチャートで 2 度ベスト 1 になった 4 番目の曲だ（1961 年に Marvelettes が、1975 年にカーペンターズがカバーして）」

2 桁序数および the last が来ることや、未来時制で使われることもある:

I will be the first man to kiss you. —— Tom Hiddleston（英国の俳優）
「君にキスする最初の男になる」

When a person dies, hearing is generally the last sense to go.
「人が死ぬとき、五感のうち一般的に最後までなくならないのは聴力である」

Oklahoma was the last U.S. state to declare Christmas a legal holiday, in 1907.
「オクラホマ州は、クリスマスが公式の休日であることを宣言したのが最後になったアメリカの州で、1907 年のことであった」

ただし、次にある the last の用法と混同しないように:

The last thing I want to do is hurt you. But it's still on the list.
　　　　　　　　　　　　　　　　　　　　　　　　*hurt は原形不定詞。
「僕が最後までやりたくないことは君を傷つけることだ。でも、まだそうなっていないだけのことだけどね」

10 形容詞的用法「名詞が主語や目的語」

> ★It takes more than just a good looking body. You've got to have the heart and soul to [go with : go with it].
> —— Lee Haney (米プロのボディビルダー)
> 「ただ見栄えがするだけじゃだめだ。それに伴う心と魂がなければ」

正解 go with it

The heart and soul go with a good looking body. がベースなので、下線部に代わる it が必要となる。これは名詞が to-不定詞の主語になった例。

名詞が to-不定詞の主語になる構造は、前項でやった「序数＋to-不定詞」と本質は同じ：

The Apollo astronauts' footprints on the moon will stay there forever. The moon does not have wind or water to erode away the mark.
「アポロの宇宙飛行士が月面に印した足跡は永久にそこに残るだろう。月にはそれを掻き消す風や水がない」

A fool always finds a greater fool to admire him.
—— Nicholas Boileau (仏詩人、批評家)
「馬鹿な人は常に自分のことを褒めてくれるもっと馬鹿な人を見つける」

次の3例は to-不定詞がその目的語として名詞をとる典型的なケース。

I have just returned from Boston. It is the only thing to do if you find yourself up there.
—— Fred Allen (米国コメディアン)
「ちょうどボストンから戻ったところだ。ボストンにいてやることと言ったら帰ることくらいしかないんだ」

《Worst excuse for not turning in homework》
I couldn't find anyone to copy it from.
「《宿題を提出できないときの最悪の言い訳》
宿題を写させてくれる友達が見つからなかったんです」

---

copy one's homework from someone (人から宿題をコピーする) がベースになる。

Google was among the top 100 places to work because of the great corporate culture.
「グーグルはその素晴らしい社風が受けて人気企業トップ100に入った」

11 名詞的用法「to-不定詞が主語」

> ★To [be : do] is to [be : do]. —— Plato
> To [be : do] is to [be : do]. —— Aristotle
> 「行動することは存在することである」 ——プラトン
> 「存在することは行動することである」 ——アリストテレス
> *発言者に関しては諸説あり。

正解 To do is to be. —— Plato　To be is to do. —— Aristotle
do は「(行動)する」を、be は「〜にある、いる、存在する」を象徴している。to-不定詞が同時に主語と補語になったケースだが、主語になるケースは現代では稀。古い文献や諺などには残っている。以下の例は米国出身の作家 Henry James (1843–1916) からの引用：

To believe in a child is **to believe** in the future.
「子どもを信じることは将来を信じること」

To do ... の主語が嫌われるいっぽうで、形式的な主語 It を先行させる構文が躍進してきた。形式主語、目的語構文は別項 (→ p. 39, 80, 111) でも言及：

Until 1967 **it** wasn't illegal for Olympic athletes **to use** drugs to enhance their performance during competition.
「1967年まで、オリンピック選手が競技中、能力を高めるために薬物を使用することは禁じられていなかった」

この文中で、to enhance ... が use を修飾する「目的」用法(「高めるために」)なのか、drugs を修飾する形容詞的用法「高めるための」なのかを判別するのは難しい。区別すること自体に意義があるかどうかも疑わしい。

It's useless **to hold** a person to anything he says. Don't trust anyone while he's in love, drunk, or running for office.
　　　　　　—— Shirley MacLaine　*hold + 人 to + 言葉：人に約束を守らせる
「人に約束を守らせようとしても無駄よ。恋をしている人、酔っている人、選挙に出馬している人の言うことは信用しないように」
　　　　　　　　　　——シャーリー・マクレーン (米国の女優)

第 2 章　to do が副詞、形容詞、名詞の働き

12 名詞的用法「to-不定詞が補語」

> ✲His father wanted him to become a civil servant. [Hitler dreamed to become : Hitler's dream was to become] an artist. However, he was rejected by the Academy of Fine Arts Vienna twice, in 1907 and in 1908.
> 「彼の父は公務員になってほしいと考えていた。ヒットラーの夢は芸術家になることであった。しかし、彼は1907年と1908年の2回、ウィーン芸術学院に不合格になった」

正解　Hitler's dream was to become

　to become … が補語に置かれたケース。dream to become … で「…になる夢を持つ」という構文はない。dream of [about] becoming … は可能。
　Every guy thinks that every girl's dream is to find the perfect guy. No! Every girl's dream is to eat without getting fat.
《personal twitter. Adapted》
「男の子は、すべての女子の夢は完璧な男を見つけることだと思いがちね。とんでもない！　すべての女子の夢はいくら食べても太らないことよ」

> After a bad dream the night before his murder, Julius Caesar's wife warned him not to go to the Senate. The moral of this mistake is, perhaps, to always listen to your wife.
> 　　　　*always は分離不定詞（to と不定詞の間に副詞が割り込む不定詞のこと）。
> 「夫が暗殺される前夜、悪夢から目覚めたジュリアス・シーザーの妻は、（ローマ）元老院には出仕しないよう警告した。警告を無視した過ちから学ぶべき教訓は、おそらく、妻の言うことには常に耳を傾けろ、ということだ」

　次は *Star Trek* の冒頭で Kirk 船長が語るナレーション中の補語相当の to-不定詞（to boldly go は分離不定詞）。
　Space: the final frontier. These are the voyages of the starship Enterprise. Its five-year mission: to explore strange new worlds, to seek out new life and new civilizations, to boldly go where no man has gone before.
「宇宙、最後の秘境。これは宇宙船エンタープライズ号の航海の物語である。その5年間のミッションは：未知の新世界を探検すること。新たな生命体や文明を探し出すこと。人跡未踏の地を勇敢に突き進むことである」

37

13 名詞的用法「他動詞＋to-不定詞」(1/2)

> ☆In 1938 Joe Shuster and Jerry Siegel sold all rights to the comic-strip character Superman to their publishers for $130. They failed [to copyright : in copyrighting] the character.
> 「1938年、Joe ShusterとJerry Siegelは漫画ヒーロー、スーパーマンの全版権を出版社に130ドルで売却した。キャラクターの著作権は確保し忘れた」

正解 to copyright

fail to do は「—し忘れる、—することを怠る」、fail in doing は「—することに失敗する」で意味が異なる。ここでは「つい疎かにした」で前者に該当。

この構造は挙げればきりがない。forget to do (→ p. 39) 以外で、特に頻出するものだけを扱う:

A chimpanzee can learn to recognize itself in a mirror, but monkeys can't.
「チンパンジーは鏡に映った自分を認識できるようになるが、猿にはできない」

On December 1, 1955, Rosa Parks refused to give up her seat on the bus in Montgomery, Alabama.
  *Rosa Parks: 米国の公民権運動家 (黒人女性)。
「1955年12月1日、アラバマ州モンゴメリー、公営バスに乗っていたRosa Parksは (運転手の命令に背いて) 席を (白人に) 譲ることを拒否した」
*モンゴメリー・バス・ボイコット事件のきっかけとなり、公民権運動の契機となった。

You are pretty as a picture. I'd love to hang you.
「あなた、まるで絵のように美しいわ。壁に吊るしちゃおうかしら」

A: What did the terrorist who hijacked a jetliner full of politicians do?
B: They threatened to release one every hour if his demands weren't met.
*threaten to do: —するぞと脅す meet the demand: 要求に応える
A: 政治家で満員のジェット旅客機をハイジャックしたテロリストがしたこととは？
B: もし要求が聞き入れられなかったら、1時間に1人ずつ政治家を解放するぞ、と脅した。

BLACK

第2章　to do が副詞、形容詞、名詞の働き

14 名詞的用法「他動詞＋to-不定詞」(2/2)

> ★"It is impossible to lick your elbow."
> People who have read this will try [licking : to lick] their elbow.
> 「"人は自分の肘を舐めることはできない"。これを読んだ人は肘を舐めようとする」

正解　to lick

try licking は「試しに舐めてみる」の意味で、上記文意に矛盾する。

How do I make my boyfriend love me more? I tried licking his ear but it didn't work.
　　　　　　　　　　*make my boyfriend love →「使役動詞」p. 45《YahooanswersUSA》
「どうやったら彼がもっと愛してくれるかしら？　試しに耳を舐めてみたんだけど、効き目はなかったわ」

Women are like elephants to me: nice to look at, but I wouldn't want to own one.　── W. C. Fields（米国の男優、コメディアン）
「私にとって女性は象のようなもの。見ている分にはいいのだが、1頭飼ってみようとは思わない」

この構文で最も重要なのは forget to do で、「―し忘れる」の意味で多用される：

Old Age: First you forget names, then you forget faces, then you forget to pull your zipper up, then you forget to pull your zipper down.
　　　　　　　　　　── Leo Rosenberg（米国ニュースキャスター）
「老化：まず人の名前を忘れる。次に、顔を忘れる。そして次に、ズボンのファスナーを上げ忘れる。最後は、ズボンのファスナーを降ろし忘れる」

➡ Why don't you come over ... so we can ... you know.
↩ Oh, really?! I'll be right over there.
➡ And don't forget to bring an extra ... con-... troller
　➡「ねえ、うちへ来ない…。あれ、できるし…」
　↩「えっ、本当？　行く行く！」
　➡「あっ、それから、忘れずに持って来て、余分の…コン…トローラー」

39

15 疑問詞＋to-不定詞

> *Mom taught me [how : when] to shave.
> 「母さんがひげの剃り方を教えてくれた（死んだ父に代わって）」

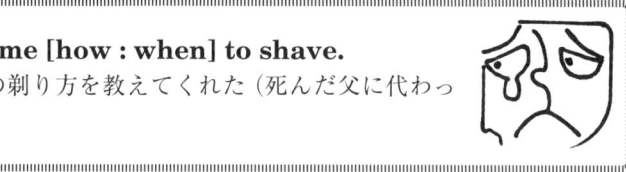

正解 how

仮に when to shave だったら「いつ剃るか」になってしまう。「―する方法」だから、「どうやって―するか」と直訳できる how to do が適する。

There is no rule that predicts when to use "-able" and when to use "-ible." But if you can accept a *table* in a cafe, you should be *able* to remember "*acceptable*."

「いつ語尾に -able を使うか、あるいは -ible を使うかを予測する決め手はない。でも、レストランで table をすすめられて受け入れる（accept）ことができるなら、acceptable だと覚えられるはずだ」

> Q: What to buy for a Japanese host family? I'm not sure what to buy because Japan has everything already. I live in America by the way.
> A: Something that is foreign to Japanese people.
> Q: 日本のホスト・ファミリーにお土産を持って行きたいんだけど、何を買ったらいいかな？ 日本には何でもあるから、何を買ったらいいかわからない。ところで、僕は今、アメリカにいます。
> A: 何か日本人に馴染みのない物がいいんじゃないかな。

A: Did you hear that the Post Office just recalled their latest stamps?
B: They had a picture of a politician on them ... and people couldn't figure out which side to spit on.
A: 郵政公社が最近発行した切手を回収しているって知っている？
B: あぁ、ある政治家の肖像を印刷したところ、人々が裏と表のどっちに唾をかけたらいいかわからないんだって。

insult

これは「疑問詞 which ＋名詞 side」を to-不定詞が目的語に捉えたケース。

第2章　to do が副詞、形容詞、名詞の働き

16 慣用表現(1/3) so (…) as to do や in order to do

☆Three randomly drawn lines intersect [so as to : in order to] form a triangle on an infinite plane.　　*intersect: 交差する
「無限の平面上で無作為に引かれた3本の直線は交差して三角形を形成する」

正解　so as to

so as to do は「目的」(―するために)を意味する比較的格式ばった言い方だが、「その結果―する」と「結果」的に訳すこともある。いっぽう in order to do は「目的」を明確にするために用いることもある:

Work expands **so as to** fill the time available for its completion.
—— Parkinson's Law
「請負仕事は締め切り日ちょうどに終わるように膨らむ」—— Parkinson の法則

In the early days, Walt Disney sold his camera **in order to** purchase a one-way ticket to Hollywood from Kansas City.
「ウォルト・ディズニーはその草創時代、カンザスシティからハリウッドまで片道切符を買うためにカメラを手放した」

より聞き[読み]手の注意を喚起するには、文頭に置くことがある:

In order to receive much you must risk much.
「多くを得るためには、多くの危険を冒さなければなければならない」

また、「―しないために、―しないように」は in order not to do が避けられる傾向がある。その代わりに so as not to do が多用される:

In Japan, when you use a restroom, you may need to put on designated bathroom slippers **so as not to** contaminate the rest of the home.
「日本では、トイレを使うときは、トイレ以外の場所を汚さないように専用のスリッパを履かなければならない」

類型構文に so ... as to do (―するほど…) がある:

I would never stoop **so low as to** steal a ring from a dead woman's finger.
　　　　　　　　　　　　　　*stoop low: 身を落とす、品位を下げる
「死んだ女性の手から指輪を盗むほど身を落としたいとは思わない」

41

17 慣用表現(2/3) enough to do

☆I'm not [smart enough : enough smart] to lie.
—— Ronald Reagan
「私は嘘をつけるほど賢くない」　——ロナルド・レーガン（第 40 代米大統領）

正解　smart enough

副詞 enough は形容詞や別の副詞を後ろから修飾する。

The word "accommodate" is large enough to accommodate two Cs and two Ms.
「accommodate（収容する）という言葉は 2 個の C と 2 個の M を収容できるほど大きい」

The last surviving witness to the Abraham Lincoln assassination lived long enough to be interviewed about it on television in 1956.
「リンカーン大統領暗殺事件を目撃した生き証人は長生きしたので、1956（昭和 31）年、事件についてテレビインタビューを受けた」

A woman who was lucky enough to have missed her flight on the doomed Air France 447 died in a car crash on the way home.
　　　　　　　　　　　*doomed：（ここでは）墜落する運命にあった
「運命のエールフランス 447 便に '幸運にも' 乗り遅れた女性が帰宅途中、自動車事故で死亡した」
*to have missed は述語動詞 was より古い時制であることを示している（→ p. 44）。

A good speech should be like a woman's skirt : long enough to cover the subject and short enough to create interest.
—— Winston Churchill
「優れたスピーチというものは女性のスカートのようなものである。主要な部分を覆うだけの長さがあり、また、好奇心を喚起するくらい短いのがいい」

形容詞 enough が名詞を修飾するときは前に置く。例えば、have enough time to write a letter（手紙を書く十分な時間がある）のようになり、have time enough to write a letter は不可。

第2章 to do が副詞、形容詞、名詞の働き

18 慣用表現(3/3) too ... to do

★We will be friends forever because I'm [too : enough] lazy to find new ones.
「私たち永久に友達でいられるわ。だって私、ひどく横着だから新たに友達を探すのが面倒くさいの」

正解 too

　この文意では、enough lazy（十分に横着な）は合わない。この構文は副詞的用法「形容詞の限定」に too が割り込んだと捉えるとわかりやすい。
Marriage is too interesting an experiment to be tried only once.
—— Eva Gabor（ハンガリー生まれの米国女優。結婚と離婚を繰り返したことで有名）
「結婚ほど面白いものはないわ、一度しか経験しないなんてもったいない」
The Germans used the first jet fighters in World War II. However, they were developed too late to change the course of the war.
「ドイツでは第二次世界大戦中に既にジェット戦闘機が実用段階にあった。しかし、戦争の趨勢を変えるには開発が遅すぎた」

In 1876, Western Union was offered the patent for Alexander Graham Bell's new invention. They said "The device has too many shortcomings to be considered as a means of communication. It is of no value to us." Two years later, they offered $25 million for it, but were turned down.
　＊Western Union：当時、電報業務を独占する巨大企業。Alexander Graham Bell：1876年世界初の実用的電話機の発明に成功した。of no value：無価値の
「1876年、Western Union 社はグラハム・ベルの新発明の特許権を買わないかと提示された。W社は"この発明品（電話）は通信手段として検討するには欠点が多すぎる。無価値だ"と断じた。2年後、彼らはその特許の取得に2500万ドルを提示したが断られた」

　too ... for +人 to do（人が—するには…すぎる）の構造もある：
Several publishers rejected the first *Harry Potter* manuscript. They said it was too long for children to read.
「最初の *Harry Potter* の原稿は複数の出版社に断られた。"児童が読むには長すぎる"という評価だった」

19 to-不定詞の時制

☆**Piglet is considered [to be : to have been] Pooh's best friend.**
「ピグレットはクマのプーさんの親友だと考えられている」
*Piglet: *Winnie The Pooh* (クマのプーさん) に出てくる子ブタ (piglet: 小さなブタ)

正解 to be

「親友だった」なら to have been だが、時間的ズレが存在しないので to-不定詞はそのままでいい。
　述語動詞が現在で、to-不定詞の動き、状態も現在なら、to-不定詞は to do [be] となり、to-不定詞の動き、状態が述語動詞の時制より「以前」なら、to have done [been] になる。

Both France and Belgium claim to have invented "French fries".
*French fries: フライドポテト (和製英語)
「フランスもベルギーも"フレンチフライ"を考案したのは我々だと主張している」

　US President William Henry Harrison served only 31 days in office. He *is said* to have caught a cold. It developed into pneumonia. He died at the White House 31 days later.
　「W. H. Harrison 米大統領は在任期間がわずか31日だった。風邪をひいたと言われている。風邪が悪化して肺炎になった。就任31日後にホワイトハウスで死亡した」

King Henry I of England is supposed to have died from indigestion caused by eating moray eel.
「英国王ヘンリー1世は、ウツボを食べ消化不良を起こして死んだと思われている」

Some folks seem to have descended from the chimpanzee later than others. ── Kin Hubbard (米国の劇作家)
*folks: people (人々)　others: other people
「人はチンパンジーから進化したそうだが、他の人たちより進化するのが遅れた人もいるようだ」

insult

　なお、述語動詞が過去で、to-不定詞がそれ「以前」の例は副詞的用法「判断の根拠」(p.32) と「to-不定詞の慣用表現」(p.42) を参照。

第2章　to do が副詞、形容詞、名詞の働き

20　使役動詞＋(to-)不定詞(1/4)　make

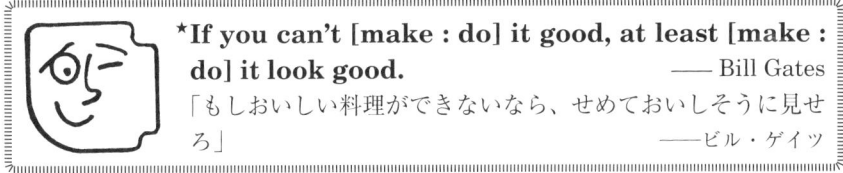

> *If you can't [make : do] it good, at least [make : do] it look good.　——Bill Gates
> 「もしおいしい料理ができないなら、せめておいしそうに見せろ」　　　　——ビル・ゲイツ

正解　どちらも make

　原文は「料理」に限定したものではないが、it が指示する対象が不明なので、わかりやすい「料理」にした。make＋O＋do (O が—するよう仕向ける、O に—させる) で、一般的に「使役動詞」と呼ばれる。do にはこれらの用法はない。

The design of the Eiffel Tower was first proposed by Maruice Koechlin and Emile Nougouier, yet Gustave Eiffel made some minor changes that made it look like what it is today. It was originally to be built for the 1889 World's Fair, and then destroyed.
　　　　　　　　　　　　　　　　　　＊be＋to do：—する予定である
「エッフェル塔の設計は当初、M. Koechlin と E. Nougouier によって作成されたが、G. エッフェルがこれに部分的変更を加え、今日我々が目にする塔の形にした。この塔はそもそも 1889 年パリ万博のために建造され、いずれ解体される予定であった」

Many film directors used a trip wire to make horses fall over at the critical moment during filming. The device broke countless horses' legs and necks. It is now illegal.
　　　　＊trip：つまずくこと。原義は「跳ねる」で「→つまずく→あちこち旅をする」。
「多くの映画監督は撮影中、決定的瞬間で馬がつまずいて転倒するよう鉄線を張った。この仕掛けのせいで無数の馬が脚や首を折った。現在は法的に禁止されている」

　使役の make は受動態になると O＋be made to do となり、to が復活する：

> Q: What is the Japanese translation for "a person who **is made to do** things or **go get** things for someone else"?
> A: It's a *tsukai-pashiri*.　　　　＊go get＝go and [to] get
> Q：人のためにいろいろなことをやらされたり、取りに行くよう命令される人を日本語では何と言いますか？
> A：使いっぱしり。

45

21 使役動詞＋(to-)不定詞(2/4) let

> ☆**Let it [go : be].**
> 「そのまま、ありのままでいて」

正解　どちらも可

映画 *Frozen*（『アナと雪の女王』）の主題歌では let it go が繰り返され、ビートルズの曲では同意で *Let It Be* がある（go と be の関係は→ p. 2）。

let は make と同じ構文をとるが、make ほどの強制力はない。let ＋Ⓐ do で、どちらかと言うと、「O が―するのを放っておく、見守る」のニュアンスが強い。時には、「許す」と訳すことすらある。Let us do …（さあ―しようじゃなか）の短縮形 Let's do … で用いられるケースが口語では最も多い。否定形は let's not do … か don't let's do …：

Q: Did you say, "**Let's** eat kitty?"
A: Yes, I said, "**Let's** eat, kitty."
Q: "さぁ、子猫を食おう"って言ったの？
A: ええ、"さぁ、食べましょう。子猫ちゃん"と言いました。

Let sleeping dogs lie.
「寝ている犬はそのままにしておけ」　　　　——英国の諺
Don't **let** sleeping dogs lie. **Make** them tell the truth.
「寝ている犬に嘘をつかせるな。真実を言うように命じろ」

上例のパロディーだが、lie（「横たわる」と「嘘をつく」の2義）のダジャレは日本語で表現できない。

♪**Oh Lord, please don't let me be misunderstood**♪
「おお神よ、どうか彼女に私を誤解させないで」（邦題『悲しき願い』）The Animals
　受動構造 I am misunderstood はそのまま原形 be misunderstood で置き換えられる。

Your momma's so fat and old when God said, "Let there be light." He asked your mother to move out of the way.
「おまえのママは太っていて年寄りだから、神様が言った"明りをくれ"。神はおまえのママにお願いしたんだ、明りを妨げているからどいてくれ、って」

第2章　to do が副詞、形容詞、名詞の働き

22 使役動詞＋(to-)不定詞(3/4) have, help

When the Roman Emperor Nero's wife died, he found a boy looking like her, removed his testicles and [got : had] him appear in public as his wife.
「ローマ帝国の皇帝ネロは妻が死亡したとき、妻そっくりの少年を発見した。彼の睾丸を摘出し、妻として公の場に随行させた」

正解 had

仮に got（次頁）だと、原形 appear ではなく to appear になる。
　make、let と並んで使役動詞御三家の最後は have。「O が─する状態を持つ」が原義で、強い意味「─させる」から弱い意味「─させておく」まで、対象範囲は広い:

Pharaoh Pepi II warded off flies by covering naked slaves with honey and having them sit nearby in a room.
*ward off: 寄せつけない
「古代エジプト王 Pepi 2世は蠅を寄せつけないために、部屋の中では裸の奴隷たちに蜂蜜を塗り彼の近くに座らせていた」

　御三家に次ぐ使役動詞 help が近年躍進している。「O が─するのを後押しする」を原義とするので、「使役」の一種と言える。ただし、原形不定詞も to-不定詞（次項）も両方とる。現代語法で簡潔な内容なら、ほぼ100％原形不定詞をとると見ていい:

My father was a wonderful doctor, and people still come up to me, saying "Your father helped my mother die." He made her laugh till she died.
「父は素敵な医師だった。今でも人々が私を訪れ言うのだ、"あなたのお父上は母が死ぬのを助けてくれた"。彼女が死ぬまで父は彼女を笑わせていたそうだ」

➡ **I think about U every night before I go to sleep.**
🗨 **What! Why? Is it because I'm so sexy?**
➡ **No! UR boring and it helps me fall asleep.**
　　　　　　*U: you　UR: You are
➡「毎晩、寝る前に君のことを考えるんだ」
🗨「えっ、どうして？　私がとってもセクシーだから？」
➡「いや、君があんまり退屈なんで、すぐ眠たくなるんだ」

23 使役動詞＋(to-)不定詞(4/4)

*Q: How do I [get : make] my nails to grow long and fast?
A: Do not bite them. 《YahooanswersUSA》
Q: どうやったら爪を長く早く伸ばせるかな？
A: 噛んじゃダメ

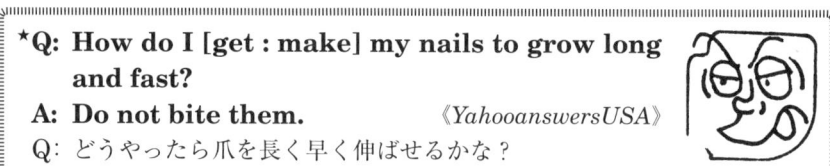

正解 get

get＋O to do は make＋O do と同意。「使役」を表す動詞は他にもたくさんある。原形不定詞をとらない、というだけの違い。また、help のように原形不定詞でも to-不定詞でもいいという中途半端な動詞もある。「人を後押しして―させる」の動詞を「使役」でくくってしまったほうが合理的。

In addition to his work on the VW *Beetle*, Porsche worked on German tank designs — the *Tiger I, Tiger II* and the *Panzer VIII* tank. He also helped them to develop the V-1 flying bomb.
　　　　　　　　　*VW: Volkswagen　V1 flying bomb: 巡航ミサイルの始祖。
「VW ビートルの製作に加えて、ポルシェはドイツ軍戦車――ティーガーⅠ、Ⅱ、パンサーⅧ型の設計にも取り組んでいた。さらに、飛行爆弾Ｖロケットの開発にも携わった」

I always advise people never to give advice.
　　　　　　　　—— P. G. Wodehouse（英国ユーモア小説の大家）
「私はいつも人々に決して助言をしてはならない、と助言している」

When *Harry Potter and the Prisoner of Azkaban* was released in England, the publisher asked stores not to sell the book until schools were closed for the day to prevent truancy.
　　　　　　　　　　　　*truancy: ずる休み、無断欠勤
「『ハリー・ポッターとアズカバンの囚人』が英国で発売されたとき、出版社は書店に対し、学校が終わるまで販売しないよう要請した。子どもがずる休みをしないように」

Die? I should say not, dear fellow. No Barrymore would allow such a conventional thing to happen to him. —— John Barrymore（米国の男優）

last words

「死ぬ？　まさか。そんな月並みなことが私に起こるなんて、このバリモアが許すものか」

第2章 to do が副詞、形容詞、名詞の働き

24 to-不定詞の意味上の主語(1/2)

> *Won't you come into my garden? I would like [you to see my roses : my roses to see you].
> —— *The Perfect Hostess* (1980)
> 「うちの庭園に来ませんか？ 薔薇にあなたを見てほしいんです」

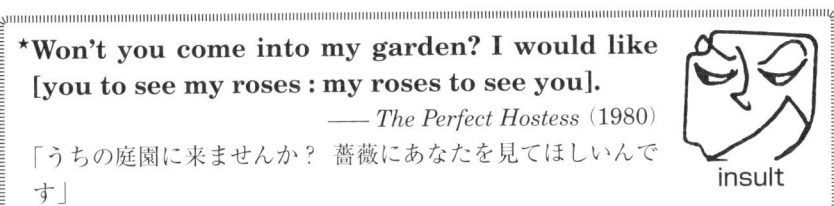

insult

正解　my roses to see you

この歯の浮くようなお世辞に合うのは後者。

would like [want] to do (—したい) などの構文において to-不定詞の直前に「人的目的語」を置くと、do の実質的な主語になる。「意味上の主語」などと呼ばれる。

> The broccoli said "I look like a small tree." The mushroom said "I look like an umbrella." The walnut said "I look like a brain," and the banana said "I'd like you to change the subject."
> 「ブロッコリが言った"僕は小さな樹木に見える"。きのこが言った"私は傘に見える"。クルミの実が言った"俺は人の脳に似ている"。バナナが言った"話題を変えて"」

Sigourney Weaver was a pioneer in *Alien* because the audience would not expect the lone survivor to be a woman.
「シガニー・ウィーバーは映画『エイリアン』で先駆者であった。なぜならば、観客はたった一人の生存者がまさか女性だとは予想していなかったから」

It is ... to do や too ... to do、in order to do 構文では for + ⼈ to do の構造をとる:

It is OK for a man to cry out when he has wrecked his boss' Ferrari.
「社長のフェラーリを事故で潰してしまったとき、男は泣き叫んでもいい」

No distance is too far for me to find a way to get to you.
「私があなたの許へ行き着けないほど遠い道のりなんてない」

When using a map, you must first know where you are right now in order for the map to have any real value.
「地図を使うとき、地図の価値を十分に活かすには、まず自分が今どこにいるかを知らなければならない」

49

25 to-不定詞の意味上の主語(2/2)

> ☆The *samurai* class shaved the top of their heads [helmets : for helmets] to fit more easily when they go into battle.
> 「昔の武士は頭頂部の毛を剃っていたが、これは彼らが戦場に行くとき、兜(かぶと)がすっぽり頭にはまるようにするためであった」

正解　for helmets

「人的目的語」を直接to-不定詞の前に置けない構文では、通常「for Ⓐ to do」とすることで、意味上の主語を設けることができる。副詞的用法「目的、限定」や形容詞的用法で用いられる：

last words

　A six-year-old cancer victim hid the heartbreaking messages for her family to find after she died. During her nine-month struggle with the illness, Elena hid hundreds of notes between the pages of books, in cupboards, drawers, bags, and clothes.
「ガンを患っていた6歳の少女は、死んだ後、家族が見つけるだろうと、悲痛なメモをあちこちに隠した。9か月に及ぶガンとの闘いの中で、エレナは数百枚のメモを本の頁の間に、食器棚に、引き出しやバッグや衣類の中に隠した」

　I was walking on the beach and found a bottle with a message in it. There was also some sand and 2 one-dollar bills. I read the notes and found out that it was not sand. It was the ashes of this woman's husband. She wrote that he loved to travel so she sent him traveling in a bottle with a note and money for someone to call home and tell her where he landed.
「海辺を歩いていてメモの入ったボトルを見つけた。砂と1ドル紙幣2枚も入っていた。メモを読むと、それは砂ではなく、この女性の夫の遺灰だった。夫は旅が好きだったのでメモとお金といっしょに'彼'をボトルに入れて送り出したのだ——誰かが彼女の家に電話を入れて、彼がどこにたどり着いたかを知らせてくれるように」

第 3 章
doing が名詞の働き

　語形 doing は大雑把に分類すると、3 つの文法領域に現れる。最も身近な例は fishing や skating にある「名詞」として機能する -ing 形で、この章で扱う。もう 1 つは、interesting や charming にある -ing 形で、「形容詞」として機能する。これは「分詞」と呼ばれる。3 つめは、「分詞」が「副詞」のように機能する領域で、「分詞構文」と呼ばれる。これら 2 つは、この後の章で順次扱う。

　動名詞はあくまで「名詞」なので、名詞が現れるところならどこでも使われる。「主語」にも「目的語」にも、「補語」にもなる。通常の名詞と違うのは、動名詞には「動詞」としての動きもあるので、動名詞自体が別の目的語をとったり、補語をとったりすること。例えば、I like fishing.（私は釣りが好きだ）では fishing は文中の目的語であるが、I like fishing pike and perch.（私はカワカマスとスズキを釣るのが好きだ）では文の目的語であると同時に別の目的語もとっている。

1 動名詞が主語

《WARNING on a child's Superman costume》
[Wearing of : To wear] this garment does not enable you to fly.
　　　　*enable＋人 to do: 人が―するのを可能にする
《スーパーマンの幼児用衣装の外装に書かれた警告文》
「この衣装を身につけても空を飛ぶことはできません」

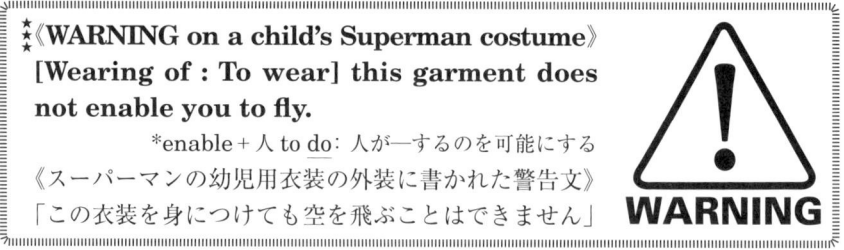

正解　Wearing of

「この衣装を身につけることはあなたが空を飛ぶことを可能にしない」と直訳できる。理論的に to- 不定詞も可能、ということになるが、この context (警告文) で、この位置 (主語) に native speaker は絶対 to- 不定詞を用いない (文頭の To do ... は既述の「目的」で用いられるのが現代文法では一般的)。

　警告文には動名詞の原始的形態 the doing of＋O がよく使われる。(The) Wearing of this garment は厳格な響き「この衣装の着用は…を保証するものではない」を帯びる:

The riding of skateboards is forbidden here.
「ここでスケートボードをすることを禁ずる」

　この場合、動名詞は純粋な「名詞」なので、the をつけたり、of＋O を伴うのが特徴:

8:15 am, August 6th 1945: At the date and time stated, the world entered the nuclear age with the dropping of the first atom bomb.
　　　　　　　　　　　　*... stated: …で既述のごとく (→ p. 69)
「1945年8月6日、午前8時15分、まさにこの日、この時刻、最初の原子爆弾の投下をもって人類は核の時代に突入した」

　動名詞が主語になるその他の例も見ていくが、思いのほか実用例は少ない:

Feeding cats dog food can cause malnutrition.
　　　　　　　　　　　*feed＋O (動物)＋O (餌): 動物に餌を与える
「猫にドッグフードを与えると栄養不良を起こすことがある」

　次は、文の主語ではなく、節中の主語になったケース:

Why do we kill people who are killing people to show that killing people is wrong?
　　　　　　—— Holly Near (米国女優、歌手、教師、活動家)
「人はなぜ人を殺すことは悪いことだと示すために人を殺している人を殺すのか？」

52

第3章　doing が名詞の働き

2 動名詞が目的語(1/4)

> *Nintendo started as a *hanafuda* maker in 1889. It moved into toy industry in 1966, and started [to produce : producing] video games in 1977.
> 「任天堂は 1889（明治 22）年花札の製造販売を始めた。1966（昭和 41）年玩具業界に参入し、1977（昭和 52）年テレビゲーム機の製造を開始した」

正解　どちらも可

start to do と start doing はどちらも、ほぼ同意同率で用いられる。

start と同意の begin も「begin to- 不定詞」と「begin + 動名詞」の両方をとる。さらに、start と対極にある stop は「─することを止める」では「stop + 動名詞」しかない：

> ➡ You need to stop lying to me. I don't think I can trust you anymore.
> ◁ Mom, you've lied to me thousands of times.
> ➡ Like what? Give me some examples.
> ◁ Santa Claus, How babies are made, etc …
> ➡「もう嘘をつくのはやめて。信用できないわ」
> ◁「母さんだって、ずいぶん僕に嘘をついたよ」
> ➡「どんな嘘をついたって言うの？　たとえば？」
> ◁「サンタクロース、赤ちゃんの作り方…」

stop（止める）に代表される「終了、回避」の他動詞（finish, avoid など）は動名詞を目的語にとる傾向がある。前置詞 to の性質を引きずる to do と対立するからである。仮に、to do をとっても、それは stop の目的語ではなく、たまたま「目的」が続いただけ：

Fred Smith stopped hunting bears. One day he was hunting bears when he stopped to relieve himself. He was pulling his zipper up when he heard a crunching sound and turned to see a bear charging him.　　　*to relieve は「目的」、to see は「結果」用法。

「F. Smith は熊狩りの仕事をやめた。ある日、彼は熊を探していたが、小用を足そうと立ち止まった。ズボンのファスナーを上げようとしたとき、バリバリと音がして、振り向くと、熊が突進してきた」

3 動名詞が目的語(2/4)

*《Bathroom Notice》
EVEN IF YOU ARE IN A RUSH PLEASE REMEMBER [FLUSHING : TO FLUSH]

《トイレ内の掲示》
どんなに急いでいても、忘れずに水を流してね

正解　TO FLUSH

remember flushing だったら、「水を流したことを覚えていてね」。
forget to do (―し忘れる) に対応するのは remember to do で「忘れずに―する」。やはり前置詞 to の性質 (前方の行為) を引きずっている。したがって、Don't forget to do = Remember to do という等式が成り立つ。
remember to do が「前方の行為」なら、remember doing は「過去の経験」を表す:

> Q: What is the noise in Japanese movies? I can **remember hearing** it in quite a few Japanese films, most notably in *The Girl Who Leapt Through Time*, at the beginning. It's like a sprinkler sound or something.
> A: I think the sound you are hearing is cicada, insects that are prevalent in summer and make a hell of a noise.
> Q: 日本の映画を見ていると背後に流れる雑音は何だ？ いろんな映画で聞いた覚えがあるんだが、特に『時をかける少女』の冒頭。何か、スプリンクラーみたいな音だ。
> A: 君が聞いたのは蝉の音だよ。真夏の日本では狂ったように騒音を立てるんだ。

よく、forget doing は「(過去に)―したことを忘れる」と解釈されるが、必ずしも一様ではない。「―するのは諦める」の意味で多用される:

Each step he went down, the lights seemed to flicker ominously, as if it was a warning to go back to his room and forget going to the bathroom.　　《fictionpress.com. adapted》

「一段一段降りていくと、明りが不吉に揺らめいて見えた。まるで、自分の部屋に戻れ、トイレに行くのは諦めろ、と警告しているようであった」

4 動名詞が目的語(3/4)

> ✶I don't mind [to be : being] the butt of a joke, so long as it's a good one.
>
> *butt: 物笑いや攻撃の的(になる人)
>
> 「私はジョークの的になっても気にしない。それが面白いジョークなら」

正解 being

mind は目的語に動名詞をとる代表的な他動詞。本義は「—することを嫌がる」なので、「回避」の動詞と言えなくもない。

その他、動名詞を目的語にとる主な他動詞を挙げておく。次は「—し続ける」を表す keep (on) doing の例だが、両者には少しニュアンスに違いがある:

Someone who keeps on using "keep on doing" is usually more stubborn than someone who just keeps using "keep doing something."

「keep on doing を執拗に使い続ける人は keep doing を使い続ける人よりしつこい」

In Holland's embassy in Moscow, the staff noticed their cats kept meowing and clawing at the walls of the building. They finally investigated because they thought there would be mice. Instead, they discovered microphones hidden by Russian spies. The cats heard the microphones when they turned on.

「モスクワのオランダ大使館で、猫がしきりに鳴いて壁を引っ掻くのに職員が気づいた。ネズミがいるからだろうと考えて、壁を調べた。ネズミではなく、ロシアの工作員が仕掛けた盗聴器が出てきた。猫たちは機械が ON になるときの音に反応していたのだ」

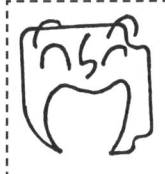

> Q: Which is right to say, "continue to have your own way" or "continue having your own way"?
> A: Continue on your own way!
> Q:「("我が道を進み続ける"と言う場合) continue to have ... と continue having ... では、どっちが正しい?」
> A:「我が道を進み続ければいい」

「continue to-不定詞」と「continue + 動名詞」は実質的に意味の相違はない。

5 動名詞が目的語 (4/4)

> ★Avoid [to use : using] "I" too often in your profile. For example : I worked in a small accounting firm and I was in charge of …
> 「自分のプロフィールで、"私は"をあまり頻繁に使用しないように。例えば、"私は小さな会計事務所で働いていました。私は…の担当でした"」

正解 using

　avoid は動名詞をとる代表的な他動詞。「回避」を代表する他動詞。類例に evade（避ける）、escape（逃れる）、postpone [put off]（先に延ばす）などがある。

Mata Hari was a Dutch exotic dancer. She was accused of being a double agent. Though she always denied being a spy, the French executed her in 1917.
　　　　　　　　　　　*being a double agent も動名詞で「二重スパイであること」。
「マタ・ハリはオランダのストリップ嬢だった。二重スパイの罪で捕えられた。スパイであることを否定し続けたが、フランス政府は 1917 年彼女を処刑した」

　deny doing は「―しなかったと言う、したことを否定する」を表し、admit doing（―したことを認める）に対応する。

Hitler's personal dentist Johannes Blaschke reported that Hitler had terribly bad breath, abscesses, and gum disease. Hitler dreaded going to the dentist to the point of it being a phobia.
　　　　　　　　*to the point of …：…する程度まで　it は being の意味上の主語。
「ヒトラーの専属歯科医師 J. Blaschke の報告によると、ヒトラーは口臭がひどく、膿瘍(のうよう)があり、歯周病も患っていた。歯の治療をひどく恐れ、恐怖症になるほどだった」

> Q: How many days does it take to roam Tokyo?
> A: You can spend a lifetime exploring Tokyo and never run out of new things to discover. It is worth thinking of Tokyo as a collection of separate cities.
> 　*be worth doing：―するだけの価値がある　spend … exploring は次項。
> Q: 東京をぶらつくには何日かかる？
> A: 一生かけても見切れない。発見に次ぐ発見で、興味のネタは尽きない。東京は複数の都市の集合体とみなすだけの価値がある

Q&A

6 前置詞＋動名詞 (1/3)

★Cats spend 2/3 of every day [to sleep : sleeping].
「猫は1日の2/3を寝て過ごす」

正解 sleeping

　古くは「spend＋時間・労力 in doing」で「—するのに□を費やす」という動名詞構文があった。近年では、in が省略されるケースが多くなっている。
　このため、doing の文法的分類が難しくなった。(in) doing と想定すれば、「動名詞」扱い、doing (—しながら) を表す副詞的機能と解釈すれば、「分詞」扱いになってしまう。辞書の編集者や文法書の執筆者だけが頭を痛めている。

On September 11, 2001, a Labrador Retriever named Dorado spent one hour guiding his blind master down 70 floors of the World Trade Center. His master was working there when the building was hit by a hijacked plane. Amid the panic he unleashed Dorado, so that Dorado would have the chance of escaping the building, but Dorado wouldn't leave his master's side.

*so that S＋V: S が V するように　the chance of doing: —するチャンス (同格の動名詞→次項)　三人称主語＋would not do: 決して—しようとはしなかった

「2001年9月11日、ラブラドール犬のドラドは1時間かけてワールド・トレード・センター70階を盲目の主人を誘導して降りた。主人はハイジャック機がビルに激突したとき、そこで働いていた。パニックの中、彼は逃げるチャンスを与えようとドラドのリードをはずしてやった。しかし、ドラドはそばを離れようとしなかった」

同様構文をとるのは spend 以外にも be busy (in) doing (—するのに忙しい)、have a hard time (in) doing (—するのに苦労する)、There is no use [point] (in) doing (—することに意義がない)、take turns (in) doing (交代で—する) などがある:

There were 6 ice warnings received by Titanic on the day of the collision. They were all ignored by the wireless operator who was too busy transmitting passenger messages.

「タイタニックが氷山に衝突した日、6回も氷山に警戒せよとの無電を受けていた。しかし、電信士は乗客の電報を送信することで忙殺され、これらの警告はことごとく無視された」

7 前置詞＋動名詞(2/3)

> ★Larry Page and Sergey Brin started Google together as a solution to the problem [of : for] retrieving relevant information from a massive set of data.
> 「L. Page と S. Brin は、膨大な資料から必要な情報を検索するという問題の解決策として Google を共に立ち上げた」

正解 of

動名詞と同格関係「―するという (問題)」になるので of。

動名詞はかつて純粋な名詞形であった。名詞である以上、前置詞の目的語になるのは当然で、動名詞中では最も頻度が高い。

Aside from being a renowned actor, Russell Crowe actually has a history of recording music. *aside from being + C: C である以外に
「ラッセル・クロウは有名な男優である以外に、歌をレコーディングした経験を持つ」

> Q: Is it true chewing gum while cutting onions keeps you from crying?
> 　　　　　*keep + Ⓐ from doing: Ⓐが―するのを妨げる
> A: I don't think so. But wearing goggles will be the solution. 《Yahooanswers USA》
> Q: たまねぎを切りながらガムを噛むと涙が出ないって本当？
> A: そんなことないわ。ゴーグルつけたほうがいいんじゃない。

chewing gum も wearing goggles も動名詞。cutting は while (you are) cutting で、進行形分詞。

Baskin-Robbins Ice Cream purposely used uncomfortable chairs to discourage customers from lingering in the stores.
　　　　　　　　*discourage:（やる気）をくじく　《foodreference.com》
「31 アイスクリームは客が長居しないよう故意に心地悪い椅子を置いていた」

You are an Internet Addict if you refer to going to the bathroom as downloading. 《corsinet.com.braincandy》
　　　　　　　　　　*refer to A as B: A を指して B と呼ぶ
「トイレに行く行為を"ダウンロードしに行く"と呼ぶようになったら、あなたはもうインターネット中毒」

8 前置詞＋動名詞(3/3)

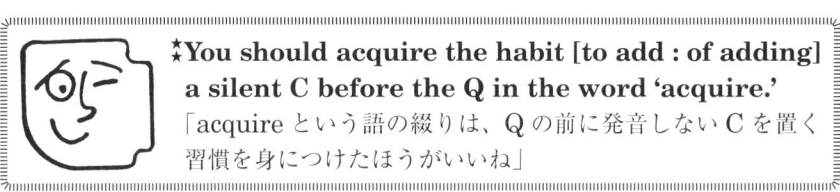

> ★You should acquire the habit [to add : of adding] a silent C before the Q in the word 'acquire.'
> 「acquire という語の綴りは、Q の前に発音しない C を置く習慣を身につけたほうがいいね」

正解 of adding

「―する習慣、癖」は a habit of doing で表現する。これも「同格関係」の一つ。上記英文は acquire a habit（習慣を身につける）の acquire が pun の対象。

The anaconda, one of the world's largest snakes, gives birth to its young instead of laying eggs.　　　　*instead of doing:―する代わりに
「世界最大級の蛇、アナコンダは卵ではなく生体と同じ形の蛇を産む」

He got a reputation as a great actor by just thinking hard about the next line. —— King Vidor (about Gary Cooper)
「次の台詞を'とちらないよう'真剣に考えていただけなのに、彼は名優の名を擅（ほしいまま）にした」——（米国男優ゲーリー・クーパーについて）キング・ヴィダー（監督）

Friends are the best part of our lives and the best vitamin for making friends is vitamin B-1(one). Thanks for being one.
—— Bruce Lee
「友達は人生における最良の部分だ。友達を作る最高のビタミンは B-1 だ。Be One（友達の一人）でいてくれてありがとう」　　　——ブルース・リー

Japanese wear 'toilet slippers.' These will be located at the toilet door and must be removed on exiting the area.
*on doing:―すると（すぐに）
「日本人はトイレ専用のスリッパを履く。それはトイレのドアの下に置かれていて、出るときは脱がなければならない」

An abandoned dog was rescued from a life of hunger and misery after being spotted on Google Maps by a woman.
「グーグル・マップを見ていた女性が画像の中で捨て犬を目撃し、（現地で犬を探し出し）空腹と惨めな生活から犬を救い出した」

9 動名詞の意味上の主語

★My mother was against [my : me] being an actress ... until I introduced her to Frank Sinatra.
—— Angie Dickinson（米国の女優）
「母は私が女優になることに反対だった…フランク・シナトラに紹介するまでは」

正解 どちらでも可

ただし、原文では me。所有格の my でも目的格の me でもいいが、現代語、特に口語では圧倒的に me（目的格）が多用されるようになってきた。

➡ Mom ... I can't sleep. I think I'm pregnant.
↩ Go to sleep. Now you've been staying up too late.
➡ You're only concerned that I can't sleep? What about me having a baby!?
↩ Go to sleep. You're drunk because you're a boy!
➡「母さん…眠れないんだ。妊娠しているかも」
↩「寝なさい。夜更かしは良くないわ」
➡「母さんの関心は夜更かし！ 妊娠しているかもしれないんだよ！」
↩「寝なさい。酔っ払っているのね。おまえは男だよ！」

ただし、そもそも語尾に格を持たない一般名詞はそのまま動名詞の前に置く：

German is the most extravagantly ugly language. It sounds like someone using a sick bag on a 747.
—— Willie Rushton（英国のコメディアン、漫画家） *747: Boeing 747
「ドイツ語は呆れるほど汚らしい言語だ。まるで誰かがジャンボ機の中でゲーゲー吐いているような音に聞こえる」

Due to Germany being divided into two halves, a formal peace treaty was never signed with them. The German reunification, celebrated on October 3, 1990 marks the official end of World War II.
「ドイツは２つの国家に分裂してしまったため、正式の講和条約は（連合国とドイツの間で）締結されなかった。1990年10月3日、東西ドイツの統一が実現し、この日をもって第二次世界大戦は正式に終結した」

第4章
doing と done が形容詞と副詞の働き

　不幸にも、-ing 形は前項の「動名詞」と重複する。古くは別の語形であったが、簡略化の波にもまれて統一されてしまった。同じ動詞の語形が、異なる品詞として機能するのだから英語学習者の混乱は計り知れない。

　むしろ、過去分詞形 done のほうが扱いやすいかもしれない。本章では、こちらを先に取り上げる。既に中学校レベルで、「受動態」や「現在完了」で履修済みだが、少し角度を変えて検証する。特に強調したいのは、前者は「be＋過去分詞」、後者は「have＋過去分詞」という思い込みを否定すること。「過去分詞」が単独でも立派に使われている実態をたくさんの実例で証明する。

　同じことは -ing 形（本章では「現在分詞」と呼んでいる）にも言える。be＋doing で初めて「進行形」が完成すると思っている人が多いが、これも否定する。単独で使われる例を提示してこれを証明する。

　本章の最後は doing が「副詞」として機能し、文の動詞を修飾する領域を扱う。いわゆる「分詞構文」と呼ばれる領域だが、他の doing との区別が難しい。

1 過去分詞にある「受動」の意味

> ★*[Born : Be Born] on the Fourth of July*
> 『7月4日に生まれて』
> *1989年米映画。トム・クルーズ主演。7月4日は米独立記念日。

正解 Born

正式には I was born on the fourth ... となるが、そのままでは趣を損なう。こういうとき、be動詞は真っ先に省略される。*Born Free*（邦題『野生のエルザ』1966年英国映画）という映画もある。

書籍や映画のタイトル、広告、告知では文字数を惜しむあまり、過去分詞が単独で用いられるケースが多い：

WANTED
EXPERT RIDERS
Skinny, Wiry Young Fellow
Not over 18, willing to risk death daily.
Orphans preferred. Wages $25 per week
PONNY EXPRESS St. Joseph,
Missouri to California in 10 days or less

「募集／乗馬の名手／痩せて軽量な若者／18歳以下、連日生命の危険を冒す覚悟要／孤児優遇／賃金：週給$25／ポニー・エクスプレス社 St. Joseph／ミズーリ州・カリフォルニア州間10日以内（走破）」
　　　*ポニーエクスプレス：早馬の乗り継ぎによる郵便速達サービス。1860年頃。

これは You are wanted.（あなたが必要とされている）の最短縮形。上記「募集広告」には preferred（より好まれて）がある。これも同様で、Orphans are preferred.（（死んでも悲しむ家族がいない）孤児のほうが優先される）の短縮形。次の例でも be動詞は省略されている。敢えて補うと (These shoes have) never (been) worn. になる。

For Sale	売ります
3 Pairs of Baby Shoes	ベビーシューズ3足
Never Worn	未使用
Call Carolyn 123–4567	電話：Carolyn 123–4567

2 受動態

```
  *VIOLATORS
  WILL BE TOWED
  AND [FIND : FINED] $50
```

「違反車は牽引、50 ドルの罰金」

*tow：(車)を牽引する

正解 FINED

be fined $50 で「50 ドルの罰金を科される」。fine＋㊅＋㊎ の文型で「人に罰金などを科す」を意味する。find は同音の動詞「見つける」もある。

受動態は、ここでは基本構造だけをひととおり紹介するに留める。

When Pinocchio **is transformed** into a real boy, he has 5 fingers instead of 4.

「ピノキオが人間の少年に変身されるとき、指は4本ではなく5本になっている」

A cucumber should **be** well **sliced**, and **dressed** with pepper and vinegar, and then **thrown out**, as good for nothing.

―― Samuel Johnson

「キュウリは十分薄くスライスして、胡椒と酢で味を調え、そして…捨ててしまえ。何の役にも立たない喰い物だ」 ――サミュエル・ジョンソン（英国の文学者）

Donald Duck **was** almost **banned** in Finland because the character doesn't wear pants.

「ドナルド・ダックはフィンランドではほとんど（上映を）禁止された。下半身にパンツをはいていないから」

先述のごとく、be 動詞は「(―された) 状態である」を表すにすぎない。「―される」行為を強調するときは、get killed (殺される) のように表現される。同様に、be 動詞以外の動詞が受動の過去分詞をとることがある：

```
          《Bathroom Notice for Ladies》
          Please Remain Seated
          For The Entire Performance

          《女性用トイレ掲示》
          している間は座っていてください
```

3 過去分詞にある「完了」の意味

> ★[*Gone* : *Going*] *With the Wind*
> 『風と共に去りぬ』　　*1939 年米映画。Margaret Mitchell 原作。

正解　Gone

この gone は過去分詞が単独で「完了」の意味を持つケース。映画を見る限り (It's) Gone With the Wind なのか (He's) Gone With the Wind なのかわからないが、タイトルとしては過去分詞 1 語で Gone ... は響きがいい。

古い文法では、be 動詞と「移動、変化」を表す自動詞の過去分詞が結びつくと「完了」を表していた。今日でも、Are you finished? (もう食事は済みましたか?) とか I'm done with school completely. (もう学校にはうんざりだ) などにこの文法は生きている。

> **KEEP CALM**　　「静粛に (私たち)
> **JUST MARRIED**　　新婚ホヤホヤ」　*ホテルのドア・ノブに掛ける札のユーモア

We have just married. とも We are [were] just married. とも、あるいは We have just gotten married. とも解釈できる。大切なのは just married だけ。JUST MARRIED は結婚式後、カップルが乗った車にもよくペイントされる。

A newly-wed couple was walking along the beach. The young man wrote on the sand "Just Married." The young lady wrote on the sand "Just Marriage."
「新婚の夫婦が海辺を歩いていた。若い男は砂の上に "結婚しました" と書いた。若い女は砂の上に "たかが結婚" と書いた」

newly-wed は分詞が他の品詞と結合して 1 個の形容詞として機能するケース。

Friends, applaud, the comedy is finished.
　　　　　　　　　　　　　　　　　── Beethoven
「諸君、喝采してくれ。喜劇は終わった」
　　　　　　　　　──ベートーベン (1827 年 3 月 26 日没)

last words

is finished は「完了」だが、これを受動構造と捉えるか完了形と捉えるかは、まったく context によるもので、外観ではない。

4 現在完了

★Houston, the Eagle [landed : has landed]. —— Neil Armstrong
「ヒューストンへ、イーグルは無事着陸した」
——ニール・アームストロング船長

正解 has landed

「鷲は舞い降りた」と直訳される。1969年、アポロ11号の着陸船（イーグル）が月面に降り立ったときの言葉。任務完了を伝えるのにふさわしいのは、やはり現在完了の has landed。

英国の冒険小説家 Jack Higgins の *The Eagle Has Landed*（『鷲は舞い降りた』1975年）はこれをそのまま引用したもの。以来、この種のニュアンスを表現する、レトリックとして重宝されている：

Bank robber 1: **Are you inside?**
Bank robber 2: **The Eagle has landed.**
銀行強盗犯1：（建物の）中に入ったか？
銀行強盗犯2：無事、到達。

Fred: **So, did you sleep with Allison yet?**
Tim: **Dude, the Eagle has landed.**
Fred：「で、アリスンとはもう××したの？」
Tim：「あぁ、鷲は舞い降りたさ」　　*dude：（スラング。ここでは）おお、ああ

以上2例のうち、前者は「完了」そのもの、後者は「経験」に近い意味を表す。

U.S. Kills Bin Laden Obama: 'Justice has been done.' —— *Chicago Tribune* May 2, 2011
「米軍、ビン・ラディンを殺害。オバマ大統領："正義の鉄槌が下った"」

上例は「完了」を象徴するような用法。次例は「継続」：

The Campbell soup won a gold medal at the Paris Exposition in 1900, and the medal has been on the label since then.
「キャンベルのスープは1900年パリ万国博覧会で金賞を受賞したが、以来、缶詰ラベルにメダルが印刷されるようになった」

5 過去完了

> ★Angelina Jolie had her breasts removed in the hope of preventing breast cancer. She [has : had] lost three close relatives to breast cancer.
> 「アンジェリーナ・ジョリーは乳がんの発症を予防するために両乳房を切除した。彼女は近親者を3人も乳がんで亡くしていたのだ」

正解 had

「両乳房を切除した」のが過去で、それ以前に既に「3人の近親者を亡くしていた」のだから、ここに過去完了時制（had + 過去分詞）を適用する。

The most traveled cat is Hamlet. He escaped from his carrier, and hid for seven weeks behind a panel. By the time he was discovered, he had flown nearly 600,000 km.
「世界で最も長距離を旅した猫はハムレットだ。彼は貨物室のケージから逃げ出し、7週間、壁板の裏に隠れていた。発見されるまでに、ほぼ60万 km も飛行した」

過去完了時制は、基準となる過去（上例では had her breasts removed）が必ずどこかで言及される。言及がない場合は、context 中に暗示されている。

Since the Californian's wireless operators had already gone to bed, they were unaware of any distress signals from the Titanic until the morning.
「（タイタニックの近くに停泊していた）カリフォルニアン号の電信士は既に就寝していたので、タイタニックからの遭難信号に朝まで気づかなかった」

The young film star perished on Route 466. The driver of the Porsche had, just the day before, finished shooting his scenes on his third feature film, *Giant*.　　　*The young film star = James Dean
「若い映画俳優が国道466で散った。ポルシェの運転手は、ちょうど前日、三番目の主演映画『ジャイアンツ』の出番を撮り終えたばかりだった」

ただし、before や after との共起では、過去完了にしないことがある：

The Museum of Modern Art in New York City hung Matisse's *Le Bateau* upside-down for 47 days before an art student noticed the error.　　　　　　　　　　　*bateau［バトー］: 小舟
「ニューヨーク近代美術館はマティスの絵画 *Le Bateau* を47日間逆さに展示していた。一人の美術学生が間違いに気がつくまで」

第4章 doing と done が形容詞と副詞の働き

6 過去分詞が名詞を前から修飾

★[*Forbidden : Forbidding*] **Games**
　　　『禁じられた遊び』　　　　　　　　　　　＊1952年フランス映画。

正解　**Forbidden**
　「禁じられた」は受動態なので、明らかに過去分詞 forbidden が正しい。他に、the forbidden fruit（禁断の木の実――聖書）や the Forbidden City（（中国北京の）紫禁城）などの類例がある。

　In the early days of television, mashed potatoes were used to simulate ice cream on cooking shows. Real ice cream melted too fast under the heat from the lighting.
　「テレビの草創期には、料理番組でアイスクリームの模造品としてマッシュポテトが使われた。本物のアイスクリームは照明の熱ですぐ溶けてしまったからだ」
　「マッシュポテト」は既に外来語として市民権を得ているが、直訳すると「潰されたジャガイモ」という意味。
　分詞が他の品詞と結びついて合成語として名詞を修飾するケースが意外に多い:
　Eggplant was originally applied only to the white-colored variety.
　「eggplant（ナス）は本来、（egg に似た）白ナスのみを指していた」
　white-colored は直訳すると「白く色づけされた」になる。
　In the film *ET*, Elliot lures the little ET into his house with colorful button-shaped candies called Reese's Pieces. Spielberg had tried to get Mars Inc. to let M&Ms be used in the film, but was turned down. After the film was released, sales of Reese's Pieces rocketed by more than 65 per cent.
　　　　　　　＊lure＋⑧＋with 餌：餌で⑧を誘い込む　rocket：急上昇する
　「映画 ET で、エリオット少年は小さな ET を、Reese's Pieces というカラフルなボタン形キャンディーを使って自宅に誘い込もうとする。スピルバーグ監督は Mars 社に頼んで（Reese's Pieces よりはるかに有名な）M&Ms チョコレートを映画中で使用する許しを得ようとしていたが、断られた。映画が公開された後、Reese's Pieces は（知名度が上がり）65％以上も売り上げが伸びた」
　上記 called は過去分詞が後ろから名詞（candies）を修飾する構造で、次項で扱う。

67

7 過去分詞が名詞を後ろから修飾

A Streetcar [Named : Naming] Desire
『欲望という名の電車』
　　　　　　　　　*Tennessee Williams の戯曲 (1947 年)。1951 年米映画。

正解　Named

直訳すると「欲望と名づけられた電車」になる。
　分詞が単独ではなく、他の要素(副詞や補語など)を伴っているときは、名詞の後ろから修飾する。上例は name a streetcar desire (S+V+O+C) がベースになっている:

An American family tried to live without anything made in China for one year. They failed.
「ある米人家族が、中国製の物品を一切利用せず一年間生活しようと試みた。が失敗した」

In my childhood home, there were paw prints in cement left by our beloved cat 40 years ago.　　　　*beloved: 最愛の、愛しい
「子どもの頃住んでいた家には、40 年前に飼っていた愛しい猫が残した足跡がセメントの上にあった」

➡ Hey, what's your street name?
↩ Lil Baker
➡ You live on a street named Lil Baker?
↩ Oh! You mean my address?
➡「ヘイ、君んとこのストリート・ネームは何だい?」
↩「リル・ベイカーよ」
➡「えっ、リル・ベイカーっていう通りに住んでいるの?」
↩「あら! 何? 私の住んでいる街路名を聞いているの?」

The bitterest tears shed over graves are for words left unsaid and deeds left undone.　　　　── Harriet Beecher Stowe
　　　　　　　　*leave+O+undone: O を―しないまま放っておく
「墓地で流される涙のうち何より苦いのは、伝えられなかった言葉や、為されなかった行いを悔やむものだ」
　　　　──ストウ夫人(米国の奴隷制度廃止論者、『アンクルトムの小屋』の著者)

第 4 章　doing と done が形容詞と副詞の働き

8 過去分詞が '単独で' 名詞を後ろから修飾

> ★We will acquire or collect personal information through lawful and proper means, and will clearly announce the purpose for using such information, or inform the person [concerning : concerned].
> 「個人情報を取得又は収集するにあたっては、適法かつ公正な手段により行ない、その利用目的を公表又は当事者に通知致します」

正解　concerned

数は少ないが、単独で後ろから修飾するケースがある。ここでは the person who is concerned のことで「関与している人間」を意味する。

主に習慣的なもので、確固たる発生環境があるわけではない。

Doctor: **You're dying. You don't have much time left.**　医師: もうだめです。長くは持ちません。
Patient: **How long do I have?**　患者: あとどれくらい？
Doctor: **Ten ....**　医師: じゅう…
Patient: **Ten what?! Months?!**　患者: じゅう…何?! 十カ月?!
Doctor: **Nine ....**　医師: きゅう…

次の諺にある語順は、リズムがいいからと考えられるが、実のところわからない：

A penny saved is a penny gained [earned].
「一文残せば一文の得［塵も積もれば山となる］」

NEWS　Cal State Schools; The Money **Donated** Went to Booze, Parties, Golf, Everything But Your Tuition
「カリフォルニアの州立学校、寄付金の使途は酒、宴会、ゴルフなど。学生への給付は含まれず」

他に、the people involved [questioned]（関与した［尋問を受けた］人々）、the solution adopted（採用された解決策）、the problem discussed（議論された問題）、the topic covered（報じられた話題）、at the date and time stated（既に述べたとおりこの日時に → p. 52, 120）、*Paradise Lost*（『失楽園』1667）などさまざま。

69

9 現在分詞にある「進行」の意味

★**[*Finding* : *Found*] *Nimo***
『ファインディング・ニモ（ニモを探して…）』　　*2003年 Disney Picture

正解　Finding

直訳すると「ニモを探して（旅に出る）」のような感じになる。

この種の映画タイトルは絶対にそのまま邦題に翻訳できない。他にも、***Saving** Private Ryan*『プライベート・ライアン』や***Driving*** *Miss Daisy*（*邦題も同じ）がある。直訳すると「ライアン二等兵を救出しに」とか「Miss Daisy を乗せて」みたいな感じになる。

よく「進行形」は「be＋現在分詞」で表現する、と言われるが、「進行中」の意味は既に現在分詞に内在している。

➡ Honey, I'm working a little late tonight ….
▱ Are you sure you're working late?
➡ Yeah, we're doing inventory.
▱ I think you're out with Anne again and still cheating on me.
➡ Nothing's going on! I can't believe you keep doubting me.
▱ I'm across the bar with my boss. Look up!
➡「あのさ、今夜は残業で少し遅くなるかも…」
▱「本当に残業なの？」
➡「本当だよ。皆で在庫調べをやっているんだ」
▱「またアンと外で浮気しているんじゃないの？」
➡「何もありゃしないよ！ まさか、まだ僕を疑っているのか」
▱「私、今、上司とカウンターの反対側にいるの。顔を上げてみな！」

なお、進行形にも受動態（be＋being＋過去分詞）がある：

WARNING
You **Are Being Watched**

「警告：あなたは（防犯カメラで）モニターされています」

10 現在[過去]進行形

> ★➡ I [am : was] riding a horse at full speed. A tiger is beside me, a bear is in front of me, and a lion is behind me! Where do you think I am now?
> ↩ On a merry-go-round.
> ➡ 「今、馬上で、全速力で走っている。横には虎、前には象、後ろにはライオンが走っている。さて俺は今、どこにいると思う？」
> ↩ 「メリーゴーラウンドの上」

正解 am

他の箇所にある is もそれぞれ現在進行形 is running の短縮形。

Q: What did one streetlight say to the other?
A: Don't look, **I'm changing**.
Q: 信号機は別の信号機に何と言ったでしょう？
A: 見ないで。今、着替えているの［変わっている最中なの］。

Teacher: **Why are you late?**	教師：なぜ遅刻したの？
Student: **There was a man who lost a hundred dollar bill.**	生徒：100ドル札を失くした人がいたんです。
Teacher: **Were you helping him look for it?**	教師：探すのを手伝っていたのね。
Student: **No, I was standing on it.**	生徒：いいえ、その上に立っていました。

「進行形」は近い将来を表現するときも用いられる：

Dad asked me, "Why **are** you **getting** a divorce?" I answered, "My wife wasn't home all night and in the morning she said she spent the night at her sister's house." He said, "So?" And I answered, "She's lying. I spent the night at her sister's house!"

「パパが僕にたずねた"離婚するんだって？"。僕は答えた"妻が一晩中帰らなかった。朝になって、彼女は妹の家で過ごしたって言うんだ"。パパが言った"それで？"で、僕は答えた"彼女は嘘をついている。妹の家にいたのは僕だ！"」

11 現在分詞が名詞を前から修飾

> *Fill a balloon with water and hold a [burning : burned] candle underneath it for some time. Does the balloon explode?
> 「風船に水を満たし、下から燃えるロウソクでしばらく熱してごらんなさい。はたして、風船は破裂するでしょうか？」

正解 burning

burned では「燃え尽きたロウソク」の意味になってしまう。

The round shape of the BMW logo represents the **rotating** propellers of the aircraft. This is because BMW built engines for the German military planes in World War II.
「BMW の丸いロゴは飛行機の回転するプロペラを表している。これは BMW が第二次世界大戦中、ドイツ軍の軍用機エンジンを生産していたからだ」

At 12:45 a.m. on April 15, 1912, crew members on the Californian saw mysterious lights in the sky and woke up their captain to tell him about it. Unfortunately, the captain gave no orders. The mysterious lights were the distress flares sent up from the **sinking** Titanic.
「1912年4月15日午前12時45分、カリフォルニアン号上の船員は夜空に奇妙な光を見た。船長を起こしてそのことを伝えた。が、残念ながら、船長は指示を下すことはなかった。その光は、沈みゆくタイタニックから打ち上げられた救難用照明弾であった」

ただし、something や nothing は some [no] + thing の語構成なので、後ろから修飾する。

➡ Can you just listen to me, OK?
↩ OK, what?
➡ I think I love you. Without you, there's something **missing** in my *hart*.
↩ Yeah, I think "E" is missing.
➡「ねえ、私の話、聞いてほしいの、いい？」
↩「あぁ、いいよ。何？」
➡「あなたを愛しているの。あなた無しでは、何かが心にすっぽり抜けちゃうの」
↩「うん、E がすっぽり抜けているよ」

*heart：心

第4章　doing と done が形容詞と副詞の働き

12 現在分詞が名詞を後ろから修飾

*Pregnant women [carrying : carried] boys tend to eat more than those [carrying : carried] girls.　　*those = those women
「男の子を身ごもっている妊婦は女の子を身ごもっている妊婦より食欲が旺盛だ」

正解　carrying

carry a baby で「赤ん坊を身ごもっている」だから、その語順で名詞を後ろから修飾する。この場合、目的語 boys [girls] を伴っているので、後ろに置く。

The top of the Eiffel Tower leans away from the sun as the metal **facing** the sun heats up and expands. It can move as much as 7 inches.
「エッフェル塔の先端は、太陽に面している金属が暖められて膨張するにつれて、太陽から少し反れる。最大 7 インチも移動することがある」

Joseph Figlock, a street sweeper in Detroit, Michigan managed to catch and save two babies **falling** from buildings in separate incidents one year apart from each other.
「ミシガン州デトロイトに住む道路清掃夫 J. Figlock はビルから落ちて来た 2 人の赤ん坊を、1 年置いて 2 回続けて見事にキャッチして、その命を救った」

In 1859 in Victoria, Australia, Thomas Austin imported rabbits and released them on his property. He was going to hunt them just for fun. While he only released 24 rabbits, by the turn of the 20th century there were millions of millions of rabbits **causing** widespread damage to the ecology of Australia.
「1859 年オーストラリア、ヴィクトリアで、T. Austin という男がウサギを輸入して自分の土地に放った。ウサギ狩りを楽しもうとしたのだ。彼がその時放ったウサギはわずか 24 羽だったが、20 世紀に入る頃、その数は数億、数十億と増え、オーストラリアの自然環境を広範囲に破壊する元凶となっている」

Different smells in the a dog's urine can tell other dogs whether the dog **leaving** the message is female or male, old or young, sick or healthy, happy or angry.
「犬の尿の臭いは、尿というメッセージを残している犬が雄か雌か、老いているか若いか、病気か健康か、幸せか怒っているかを他の犬に伝えることができる」

73

13 知覚動詞＋⼈＋分詞／原形不定詞

★➡ In my dream, I saw you [buying : bought] a diamond ring for me.
↩ In my dream, I saw your father [paying : paid] the bill.
➡「あなたがダイヤの指輪を買ってくれる夢を見たわ」
↩「君の父親がその代金を払っている夢を見たよ」

正解 buying/paying

知覚動詞が準動詞を補語の位置にとるとき、以下のように3パターンがある：

see/hear ＋ ⼈ ＋ { do（原形不定詞） / doing（現在分詞） / done（過去分詞） } ＝ O が— { するのを / しているのを / されるのを } 見る／聞く

Q: What do you do when you see your husband staggering in the back yard?　　*stagger: ヨロヨロ歩く
A: Shoot him again to make sure he dies.
Q: もし旦那が裏庭でヨロヨロ歩いているのを見たらどうする？
A: 念のため、もう一度撃つ。

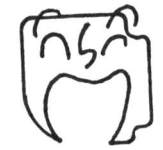

A: Did you say that you saw a man eat a crocodile?
B: No, I said I saw a man-eating crocodile.
A: 男がワニを食ったのを見た、と言ったのか？
B: いいや、人食いワニを見たと言ったのだ。

When I see a man of shallow understanding extravagantly clothed, I feel sorry ... for the clothes.
　　—— Josh Billings（米ユーモア作家）　*be clothed（＝be dressed）：着ている
「いかにも浅薄そうな男が華美な衣服を身にまとっているのを見ると、思わず同情してしまう…その衣服に」

14 過去分詞が補語の働き(have＋O＋過去分詞)

> ☆Members of the Nazi SS [have : had] their blood type tattooed on their armpits.
> 「(第二次大戦中)ナチ親衛隊員は自分の血液型を脇の下に入れ墨していた」

正解 had

「have＋O＋過去分詞」は基本的に受動(「Oが—される」)関係にあるから、文脈に応じて「Oを—してもらう」とか「Oを—される」などの訳を使い分ける。

I heard you went to have your head examined but the doctors found nothing there. 《toxicards.com》
「脳を検査してもらうために病院へ行ったが、医者はおまえの頭の中に何も発見できなかったそうじゃないか」

In Russia a man is called reactionary if he objects to having his property stolen and his wife and children murdered.
—— Winston Churchill
「ロシアでは、自分の所有物が盗まれ、妻と子が殺されても、それに異議を唱えると反動的と呼ばれる」——ウィンストン・チャーチル

On March 18, 1990 President H. W. Bush had broccoli banned from Air Force One simply because he disliked it.
「1990年3月18日、ブッシュ大統領は大統領専用機 Air Force One においてブロッコリが食卓に供されることを禁止した。ただ嫌いだという理由で」

haveと性質の似たgetやwantにも同様の構文がある:

WARNING

ANYONE CAUGHT COLLECTING
GOLF BALLS ON THIS COURSE
WILL BE PUNISHED AND GET THEIR BALLS
REMOVED

「当敷地内でゴルフボールを拾い集めているところを捕えられた者は罰せられ、"ボール"は抜き取られる」

＊catch＋人＋doing: 人が—しているところを目撃する

---

15 付帯状況(1/2) with＋O＋分詞／形容詞

> ★You can sneeze with your eyes [closing : closed], but funnily enough, it is impossible to sneeze with your eyes [opening : open].
> 「目を閉じたままクシャミをすることはできるけど、不思議なことに、目を開けたままクシャミをすることはできない」

正解 closed, open

「with＋O＋分詞／形容詞」は「O が—の状態で」の関係にあるから、「O is doing/done/形容詞」に置き換えて訳す。Your eyes are **closed**.(目が閉じている) と Your eyes are **open**.(目が開いている) が正しいので、closed と open を選ぶ。

Dolphins sleep with one eye open.
「イルカは片方の目を開けたまま眠る」

Clark Gable's ears made him look like a taxicab with both doors open.
—— Howard Hughes
　　　　　　*Clark Gable:『風とともに去りぬ』の主演男優。
「クラーク・ゲーブルは耳がでかいので、まるでタクシーが両側のドアを開いて停まっているように見える」

Starbucks now has 271 outlets across Tokyo, with the branch overlooking the Shibuya Crossing taking the prize for the second highest revenue generated in the world.
「スターバックスは都内だけでも 271 店舗を展開しているが、その中には渋谷交差点を見下ろす店舗があって、世界第 2 位の売上を誇っている」
　上記文中の付帯状況は with the branch taking the prize for the second highest revenue であって、overlooking the Shibuya Crossing は the branch を、generated in the world は revenue を修飾するそれぞれ分詞。

> **Cockroaches can live several weeks with their heads cut off. It dies from starvation.**
>
> 「ゴキブリは頭を切り取られても数週間生きている。その後、(それが原因ではなく) 飢えが原因で死ぬ」

BLACK

第4章　doing と done が形容詞と副詞の働き

16 付帯状況(2/2) with＋O＋前置詞／副詞

*Carnegie Hall in New York City opened in 1891 with Tchaikovsky [as : for] the guest conductor.
「1891年、ニューヨーク市のカーネギー・ホールはチャイコフスキーをゲスト指揮者として迎えてオープンした」

正解 as

「with＋O＋前置詞／副詞」も基本的には「Oが—の状態で」であるが、直訳しにくい。文意を推理しつつ、こなれた日本語を充当させてゆくしかない。ここでは、Tchaikovsky was invited as the guest conductor. を想定する。

The Nobel Peace Prize medal depicts three naked men with their hands on each other's shoulders.
「ノーベル平和賞のメダルは、3人の裸の男がその手を互いの肩に置いている姿を描いている」
ここでは Their hands are put on each other's shoulder. を想定する。

The capsule hotel features a set of extremely small capsules designed for overnight accommodation for those on a budget. Capsules are stacked side by side with one unit on top of another to maximize space.　　　　*on a budget: 資金のない
「(日本の)カプセルホテルは極端に小さいカプセルの集合体を特徴としていて、予算の少ない一泊の客用にデザインされている。各カプセルは、隙間なく並び、スペースを最大限に活用するために、各ユニットの上に別のユニットが重ねて置かれている」

ここでも、One unit is put on top of another (unit). と補って考える。

A Dutchman took a cruise on the North Sea. He became seasick and lost his false teeth overboard. A few days later he heard on the radio that a fisherman caught a cod fish with a set of false teeth inside.　　　　*inside は副詞「内側に」
「一人のオランダ人が北海をクルージングしていた。彼は船酔いをして(ゲーゲーやっているうちに)船縁越しに入れ歯を海に落としてしまった。数日後、彼はラジオでニュースを聞いて驚いた。ある漁師が1組の入れ歯を飲み込んでいた鱈を捕えたというのだ」

77

17 分詞構文 (1/5)

> ★Mark Chapman killed John Lennon on December 8, 1980. He remained at the scene [to read : reading] J. D. Salinger's novel *Catcher in the Rye*.
> 「1980年12月8日、マーク・チャップマンはジョン・レノンを殺し、その場でサリンジャーの『ライ麦畑でつかえて』を読んでいた」

正解 reading

直訳すると「～を読みながら現場に留まっていた」で、こういう意味は to-不定詞の用法にはない。明らかに動詞を修飾する要素なので、分詞構文とみなす。分詞構文は副詞で、分詞は形容詞であるが、厳密な区別は難しい：

A King should die standing. —— Louis XVIII
「王は立ったまま死ななければならぬ」 ——フランス王ルイ18世

die standing は die young (若くして死ぬ) と同じ構造と考えれば、standing は形容詞 young に対応するので分詞、と位置づけすることができる。しかし、その意味 (～しながら V する) を重視すれば、副詞 (分詞構文) とみなすことも可能だろう。

Wild Bill Hickok was killed playing poker, holding two pairs — aces and eights. *Wild Bill Hickok: 米国、西部開拓時代のガンマン。
「ワイルド・ビル・ヒコックはポーカーをしているとき殺された——A (エース) と8のツー・ペアの札を握ったまま」

In 1567, the man who was said to have the longest beard in the world died after he tripped over his beard running away from a fire. *trip over + O: O につまずき倒れる
「1567年、世界一長い髭の持ち主と言われた男が、火災から逃れる際、自分の髭につまづいて転倒した後、死亡した」

In 1935, British engineer Robert Watson-Watt was working on a "death ray" that would destroy enemy aircraft using radio waves. His "death ray" instead evolved into radar.
「1935年、英国の技術者ワットは電磁波を使って敵機を破壊する殺人光線の研究をしていた。その用途はその後変更され、レーダーの開発へと発展していった」

18 分詞構文 (2/5)

> ☆Gustavus Adolphus, King of Sweden (1594–1632), disdained the steel armor offered by his aides at the Battle of Lützen, [saying : said]: "The Lord God is my Armor!" Yes, the Battle of Lützen was indeed in 1632.
> 「スエーデン王グスタフ・アドルフス (1594–1632) はリュッツェンの戦いで、側近たちが勧める鉄の甲冑を撥ねつけて言った:"神こそが我が甲冑なり!"。なるほど、リュッツェンの戦いは確かに 1632 年だった」

正解 saying

and said なら可能だが、接続詞抜きで said を置くことはできない。

上例の saying はもう 1 つの分詞構文の用法で、「そして言った」と直訳される。しかし、同時に「と言いながら」と解釈できなくもない。

The Beatles had their first hit, "Love Me Do", in October, becoming popular in the UK in 1963, and in the US a year later.
「ビートルズは最初のヒット曲 "Love Me Do" を (1962 年) 10 月にリリースし、1963 年に英国で人気が出て、1 年後には米国で人気が爆発した」

次の 2 文は 2 つある分詞構文のそれぞれが (おそらく) 異なる用法を持つ例:

On July 14, 1789 French revolutionaries stormed the Parisian prison, the Bastille, defying the authority of King Louis XVI sparking the start of the French Revolution.
「1789 年 7 月 14 日、ルイ 16 世の圧政に反抗すべくフランス民衆はパリのバスティーユ牢獄を襲撃し、フランス革命の火蓋を切った」

During halftime show of Super Bowl in 2004, Justin Timberlake removed a piece of Janet Jackson's top, exposing her right breast. Timberlake and Jackson have maintained that the incident was accidental, calling it a "wardrobe malfunction."
「2004 年、スーパーボウルのハーフタイムで J. ティンバーレイクはジャネット・ジャクソンの右胸当てを剥いだので、右の乳房が露出した。2 人はこれを "衣装不具合" と呼びつつ、偶発的な事故であると主張した」

19 分詞構文(3/5) 接続詞＋分詞

> ☆While [sleeping : sleep], one man in eight snores, and one in ten grinds his teeth.
> 「就寝中、8 人中 1 人はいびきをかき、10 人中 1 人は歯ぎしりをする」

正解 sleeping

副詞節 while (people are) sleeping の主語と be 動詞が省略されたような構文が近年、躍進している。よって、「接続詞＋現在［過去］分詞」が残る。
これは、分詞構文に接続詞 (when や if) がくっついた構造にも見える。

James Fixx, the man who popularized jogging in America died of a heart attack while running.
「James Fixx は米国でジョギングを大衆化したことで知られるが、走っている最中に心臓発作で死亡した」

It is considered normal and non-offensive to make loud slurping sounds when eating noodles in Japan.
「日本では、麺類を食べているとき、ずるずると大きな音を立てても普通のことで、周囲の人を不快にすることではないと考えられている」

If you're chased by a dog when walking, jogging, or bicycling, stop, face the dog, point, and firmly say "NO!" or "GO HOME!" Repeat as needed. This is effective even for dogs who don't understand English.
「散歩中、ジョギング中、あるいは自転車に乗っているとき、犬に追いかけられたら、止まって、犬を直視して、指を突き出し強い口調で、"NO!" あるいは "GO HOME!" と叫びなさい。必要に応じて、何回か繰り返すのも良いでしょう。このやり方は、英語を理解しない犬にも効果があります」

Nutmeg is extremely poisonous if injected intravenously.
「ナツメグは静脈内に注入されると極めて強い毒性がある」

When written in upper case, the word BID has horizontal symmetry, but when written in lower case it has vertical symmetry — bid!　　　　　　　　　　*in upper [lower] case: 大[小]文字で
「大文字で書くと BID は水平に線対称に、小文字で bid と書くと縦に線対称になる！」

第4章　doing と done が形容詞と副詞の働き

20 分詞構文(4/5) being の省略

★[Offered : Offering] a new pen to write with, 97% of all people will write their own name.
「新しいペンで試し書きをするように言われると、97%の人は自分の名前を書く」

正解　**Offered**
　副詞節 When a person is offered a new pen to write with ... のうち、接続詞と主語と be 動詞の3要素がごっそり剝ぎ取られた構造。

April 7, 1945, **attacked** in waves by about 350 US carrier-based planes, the battleship *Yamato* sank in the southwest sea, at 2:23 pm after two hours' desperate struggle.
「1945年4月7日、米航空母艦の艦載機おおよそ350機の波状攻撃を受け、戦艦大和は午後2時23分、2時間に及ぶ死闘の後、南西諸島沖に沈んだ」
　when it was attacked ... のように、文頭の3要素を再現して考える。

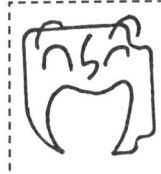

A thief took selfies on stolen phone, **unaware** they were automatically being uploaded online.
　　　　　　　　　*selfie:（米スラング）スマホなどで自撮りすること
「泥棒が盗んだスマホでセルフィー（自撮り）をしていた。画像が自動的にアップされていることも知らないで」

これは when [as] he was unaware ... と補って考える。
Similar to both a horse and a zebra, the Quagga has vertical stripes down its front half but is, for the most part, a solid color like a horse. The Quagga went extinct in the nineteenth century.
《*funtrivia.com Endangered Species*》
「クアガはウマにもシマウマにも似ていて、身体の前半分は縦縞が走り、その他の大部分は普通のウマと同じく無地である。19世紀に絶滅した」
　Since it is similar to ... で、やはり、形容詞だけが残ったケース。
The bandages of just one mummy, **unwrapped**, run as long as 1.6 km!
「一体のミイラでも、巻かれている包帯をほどいて伸ばすと 1.6 km もある」
　わずか1語であるが、立派な分詞構文。最もスリムな分詞構文と言える。

21 分詞構文(5/5) 独立分詞構文

> Q: Brazil or Japan, where should I go on vacation?
> A: The answers you get will be biased since you are in the Japan section. That [saying : said] I would prefer Japan personally since I like far-eastern culture more.
> Q: ブラジルと日本、休暇で旅をするならどっちへ行くべきかな？
> A: ここは'日本カテ'だから、返ってくる意見は偏っていると思うよ。とは言え、私は極東地域の文化のほうが好きだから個人的に日本を推すね。

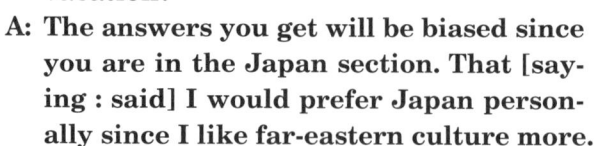

正解 said

That said. は慣用句で、「とは言うものの、そうは言っても」に相当する。
主節の主語（上例では I）とは別の主語をとって機能するので「独立分詞構文」と呼ばれる。with の付帯状況構文が with を落とした形とみなすとわかりやすい。

"Six men, their faces covered with red bandanas, got out of the car carrying a knife, base-ball bat, billy club and rolling pin. I knew when I saw the rolling pin that something bad was going to happen," said Daniel, 20, to the police officers.　　　*carrying は普通の分詞構文。

「"男が6人、赤いバンダナで顔を覆い、車から出てきてさ、手に手にナイフとかバットとか、こん棒とか、あと、のし棒なんか持ってさ。のし棒を見たとき、ピンと来たね、何か悪いことが起こるんじゃないかと" ダニエル、20歳は警察官に語った」

これは明らかに付帯状況の with their faces covered で置き換えられる。

All factors combined, the anti-government feelings were growing and caused movements such as the demand for the restoration of imperial power and anti-western feelings, especially among ultra-conservative *samurai* in *Choshu* and *Satsuma*.

「すべての要因が結合して、反幕府感情が成長し、特に長州や薩摩の超保守的武士の間で王政復古や攘夷を要求する運動を惹起した」

第 5 章
can とか would が動詞に色を添える

　既に中学校で can や will を通して「助動詞」の基本は履修した。その名のとおり「動詞」を助ける要素である。助動詞の基本的な用法（例：can「—することができる」、should「—すべき」、must「—しなければならない」）は中学校レベルで既習項目なので、ここでは省く。注意すべき用法についてのみ取り上げる。need は特にアメリカ英語で、一般動詞語法（need to do）が優勢なため、ここでは触れない。
　仮定法や条件文のほとんどで助動詞が介入するので、この章でいっしょに取り扱う。仮定法は、残念ながら、用いる呼称にいろいろ問題があって、現行の文法書でもその扱いに混乱がある。文法的呼称は説明する者には便利な道具であるが、読者を混乱させないよう、本書では従来の呼称にこだわらず、誰でもわかる平易な呼び方をする。以下に一覧にしておく。左側が従来の呼称、右側が本書での呼称。ただし、問題のない呼称については従来どおりの呼称を継承する。

仮定法過去　　　　→　現在に対する仮定
仮定法過去完了　　→　過去に対する仮定
仮定法未来　　　　→　現在に対する仮定
仮定法現在　　　　→　仮定法現在

1 can, be able to (1/2)

> ★If you sneeze too hard, you [can : are able to] fracture a rib.
> 「激しくくしゃみをすると肋骨を折ることがある」

正解 can

ここに are able to を充当させることはできない。

can と be able to は常に置き換えが可能であるわけではない。上例は can にある「可能性（―することもあり得る）」を表すもので、「一生懸命勉強すれば、合格できる」と同じではない。そういう「技能、能力」を指すものではない。

逆に、「可能性」を否定する can't be + C は「C であるはずがない、C はあり得ない」を表す：

➡ Are you safe? I miss you badly.
　Are you OK, Jacob? Answer me.
◁ Mrs. White, I'm so sorry, but your husband was killed in action.
　He wanted me to tell you that he loves you and the kids.
➡ No! No! You're lying! He can't be dead!
　He can't be! Who is this?
◁ Yeah, I'm lying. I'll be home soon.
➡「あなた無事なの？　もう寂しくて死にそう。Jacob、無事なの？　返事をして」
◁「White 夫人、お気の毒ですが、ご主人は戦闘中、亡くなられました。あなたと子どもたちを愛していると私に伝言を託されて」
➡「まさか！　嘘よ！　嘘よ！　彼が死ぬはずないわ！　そんなはずないわ！　あなたは何者？」
◁「そうです、私は嘘つきです。もうすぐ家に帰るヨ〜」

　When males are cured of Ebola virus, they can still transmit the virus in their semen for up to 2 months. This is because it can survive in the testicles away from the immune system.

*semen: 精液　testicle: 睾丸　the immune system: 免疫機構

「男性はエボラ・ウイルスから解放されても、最長 2 か月間はその精液によってウイルスを伝染させる可能性を有している。と言うのも、ウイルスは免疫機能の及ばない睾丸の中で生き続けることができるからだ」

2 can, be able to (2/2)

> ★A giraffe [can : is able to] clean its ears with its own tongue.
> 「キリンは自分の舌で耳を掃除することができる」

正解 どちらも可

上例のような一時的「技能」に関する「—できる」なら、be able to do でも can でも使える:

You may not have to press any buttons to wake up the screen. Instead, Google's new smart phone will reportedly be able to wake up on its own whenever you pick it up.
「スクリーンを起動させるのにボタンを押す必要はないでしょう。代わりに、グーグルの新スマートフォンは使用者が持ち上げるたびに自分で起動することができるそうです」

can do (—することができる) には「許可されて—できる」も含まれる:

In America, you cannot purchase alcohol unless you are 21 but can purchase a gun if you are 18.
「米国では、21 歳にならないとアルコール類は買えないが、銃なら 18 歳でも買うことが許される」

いずれの can も You are (not) allowed to purchase で置き換えることができる。

過去形の could は否定文中なら、「—できなかった」の意味で使えるが、肯定文では仮定法 (後述) の範疇に、特にイギリス英語で、入る。よって、単純な過去 (例: 試験に合格することができた) には使えない:

Three blondes searched all over a forest full of pine trees and were not able to find one to use as a Christmas tree. None of them had globes and a star on top.
「3 人の金髪娘が樅(もみ)の木の山を探し回ったが、1 本もクリスマス用の木を見つけることができなかった。玉が吊るしてあって先端に星のついている木がなかったからだ」

Cinderella couldn't go to the ball in the gown that the mice and birds made for her because her step sisters tore it apart.
「シンデレラは継母の姉たちが破いてしまったので、ねずみや小鳥たちが作ってくれたガウンを着て舞踏会に行くことができなかった」

3 may, must (1/2)

> ☆Women [may : must] not set foot on a *dohyo* (sumo ring) for any reason.
> 「女性はいかなる理由があっても土俵には上がれない」

正解 どちらも可

mayの用法の一部はcanと同じ「可能・許可」を共有する。mustは「―しな［―でな］ければならない」だが、否定では意味が裏返って、強い禁止になる。

> Son: **Dad, can I open the window?**
> Dad: **Yes, you can, because you have hands, but you may not.**
> 息子：父さん、窓開けてもいい？
> 父：手があるんだから開けられるけど、開けないでくれ。

物理的に「―できる」のと、許されて「―できる」の違いを象徴している。

mayは基本的に「―するだろう、―するかもしれない」の推量を表す：

He who jumps may fall, but he may also fly.
「跳ぼうとする人は転倒するかもしれないが、大きく飛躍するかもしれない」

「―したかもしれない」と、過去形で表現したいときは、may didは許されないし、mightは「過去性」を失っているのでmay have doneにするしかない：

Although many scientists believe in ancient Egypt, the lead-based paints fought off eye infections, they may have also resulted in lead poisoning.
「古代エジプトでは、（目の回りに）鉛粉でペイントしたが、これは眼病を駆除したと多くの科学者が信じているが、鉛毒も引き起こしていたかもしれない」

mayの過去形mightは、couldと同様、本来の「過去性」を失って、仮定法の領域に入っている。さらに少ない「可能性」を帯び、「―するかもしれない」と訳される：

If you keep your eyes open by force when you sneeze, you might pop an eyeball out.
「くしゃみをするとき、無理に目を開けていると、眼球が飛び出すかもしれない」

4 may, must (2/2)

> *Passengers [may : must] not talk to the driver.
>
> 「(乗客は)運転手に話しかけないでください」

正解 must

　may でも意味は通じるが、強い禁止の警告なので must not が適当。must の「—しなければならない」は must be + C で「C であるに違いない」になる:

> ➡ Dad, I got suspended from school.
> ↩ What did you do?
> ➡ My teacher said the stupidest person in the world lives in Canada.
> ↩ OK ... And?
> ➡ I said "Sir, you **must be** mistaken. You live in America."
>
> ➡「父さん、僕、停学くらっちゃった」
> ↩「何をやらかしたんだ?」
> ➡「先生が"世界で一番馬鹿なやつはカナダに住んでいる"って言ったんだ」
> ↩「うん…それで?」
> ➡「僕、言ってやったんだ、"先生は間違っています。先生はアメリカに住んでいるじゃないですか"」

　may have done に対応する構文が must にもある。「—したに違いない」と、過去形で表現したいときは、must did は許されないし、must にはそもそも過去形がないので、must have done にするしかない:

> Son: **Dad, where did all of my intelligence come from?**
> Dad: **Well, son, you must have got it from your mother, because I still have mine.**
>
> 息子:パパ、僕の頭脳はどこから来たの?
> 父親:ママからもらったに決まっているじゃないか。
> 　　　だって、パパの頭脳はまだここにあるもん。

5 will

> *Q: What bone [will : may] a dog never eat?
> A: A trombone.
>
> Q：犬が絶対、食べない骨ってな〜んだ？
> A：トロンボーン

正解 will

willに独特の用法は、三人称の主語をとったときに現れる「性質、体質」:

An egg that is fresh will sink in water, but a stale one won't.
「新鮮な卵は水に沈むが、古い卵は沈まない」

通常、will は「意志」や「未来」で頻出するが、疑問形 Will you do …? およびその仮定法形 Would you do …? では「丁寧な依頼（―していただけますか？）」を表す：

> ➡ Hey, I have a question. There are four seats at a table, and we need to figure out where each person sits. There's Mary, Will, You, Me. Which order do we sit?
> ↩ Uh … Me, Mary, Will, You?
> ➡ No, try again.
> ↩ **Will, You, Mary, Me?**
> ➡「ねえ、質問があるんだけど。4人掛けのテーブルにどの順で座ったらいいか考えてよ。メアリーとウィルとあなたと私。4人の順番は？」
> ↩「え〜と、僕と、メアリー、ウィル、それから君かな？」
> ➡「だめ、だめ。もう一度やり直して」
> ↩「ウィル・ユー・メアリー・ミー？（Will you marry me?）」

willの過去形wouldも本来の「過去性」を失って、仮定法の領域に入っているが、否定文や「過去の習慣」については未だ「過去」が残っている:

In the late 19th century, Julius Reuters would use carrier pigeons to quickly move stock market information between Berlin and Paris. He was the founder of the Reuters news service.
「19世紀終わり頃、Julius Reutersはベルリン-パリ間で株価の変動を高速伝達するのに伝書鳩を用いていた。彼はロイター通信社の創始者である」

6 have to do

> ★What's a good amount of money to have to go to Tokyo?
> ［① 大金を稼ぐには、なぜ東京へ行かなければならないか？
> ② 東京へ行くには、いくらあれば足りるか？］

正解 ②

　have to do（—しなければならない）は入っていない。to go … は単なる「目的」で、「東京に行くために」。have to do にはこの種の混乱がよくある。次例も同様:

　A daughter is one of the most beautiful gifts this world has to give.
　「我が娘はこの世界が与えてくれる最も美しい贈り物の1つだ」

　Because of some contract stipulations, the role of John McClane in *Die Hard* had to first be given to Frank Sinatra. But he was 73 at the time.
　「契約規定があったため、『ダイハード』のジョン・マクレーン役はフランク・シナトラに優先的に提示されなければならなかった。しかし、彼は当時73歳だった」

　only have to do（—さえすればいい）と not have to do（—しなくてもいい）という慣用句もある:

　Jonny was listening to his sister Cathy practice her singing. "Cathy, I wish you'd sing Christmas carols." "That's nice of you," she replied, "but why?" Jonny replied, "Because then I'd only have to hear your voice once a year!"
　「Jonny は姉の Cathy が歌唱の練習をしているのを聞いていた。"Cathy、クリスマスキャロルを練習して欲しいな"。彼女は答えた、"まぁ、すてきなこと言うじゃない。でも、なぜ？"。Jonny は言った、"だって、そうすれば1年に1回姉さんの唄を聞けば済むから"」

　Two men were walking through the woods and saw a bear. One of them opened his bag, pulled out a pair of sneakers and started putting them on. The other man said, "What are you doing? You'll never be able to run faster than that bear!" The first man answered, "I don't have to. I only have to run faster than you."
　「二人の男が森を歩いていて、熊に遭遇した。一人がバッグを開いてスニーカーを取り出し、履こうとした。もう一人が"何をやっているんだ？ あの熊より速く走ることなんてできないよ"と言った。すると、最初の男が答えた、"そんなことする必要ないよ。君より速く走れればいいんだ"」

7 used to do, ought to do

> ★The Romans [were used : used] to clean and whiten their teeth with urine.
> 「ローマ人はかつて尿で歯を磨き白くしていた」

正解 used

　used to do は「かつて—した（ものだった）」という意味。be used to +（動）名詞は「—に慣れている」（下の囲みの例）。ここでは、それ以外に ought to do（＝should do : —すべきだ）の例も見る：

I used to sell furniture for a living. The trouble was ... it was my own. —— Les Dawson
「私はかつて家具の販売で生計を立てていた。問題は…それが自分の家具だったことだ」　—— Les Dawson（英国のコメディアン）

The Shell Oil Company originally began as a novelty shop in London and used to sell seashells.
「シェル石油は元々、ロンドンで贈り物用雑貨を扱う店として出発した。そして、貝殻なんかも売っていた」

You ought to have a wooden horse on wheels, that you ought! —— Through the Looking-Glass
＊最終部は強調。
「車輪のついた木馬にすればいいのよ、まったく！」　——『鏡の国のアリス』

「ought to have +過去分詞」は「should have +過去分詞」と同意:

He hasn't died. I ought to have used more poison.
「彼はまだ死んでいない。もっと多くの毒を使うべきだった」

> Doctor: Well, I'm afraid you have six weeks to live. I suggest you take a mud bath every day.
> Man: Why? Is that supposed to help?
> Doctor: No, but it'll get you used to being in the ground.
>
> 医師：残念だが、あと6週間の命だ。毎日、泥の風呂に入りたまえ。
> 　男：なぜ？ 何かの役に立つのか？
> 医師：いや、ただ、土の中にいることに慣れさせてくれる。

BLACK

第5章　can とか would が動詞に色を添える

8 条件文と仮定法の違い

> *If two pieces of metal [touch : touched] in space, they become permanently stuck together.
> 「宇宙空間で 2 つの金属片が触れ合うと、永久に分離することはない」

正解　touch

　内容が仮説なのか科学的事実なのかは専門知識がないのでわからないが、主節の become が単純な現在形なので、条件節（If ... 節）も単なる現在形にする。

　科学的事実という前提なら、仮定法の動詞形は現れない。単純な現在と未来（例：主節の will）のみで構成されるのが一般的。条件節は副詞節の一種なので、未来形は用いない。そして、言うまでもないことだが、「条件」文には過去時制はない。

If you add up the numbers 1–100 consecutively (1+2+3+4+5 etc) the total is 5050.
　「1 から 100 までの数を 1 + 2 + 3 + 4 + 5 のように足してゆくと、合計 5050 になる」

　条件節はほとんどの場合 if ... だが、いくつかの代用表現がある：

Your stomach produces a new layer of mucus every two weeks, otherwise it will digest itself.　　　　　　　　　　　　　*mucus: 粘液
　「胃は 2 週毎に新しい粘液の層を製造する。さもないと、胃自体を消化してしまう」

　otherwise は前節を受けて、「もしそれ以外だったら」を表す超重要表現。
　If よりやや強意の接続詞 provided [providing]（that ...）もあるが、仮定法には用いられない。意味は「—さえすれば」に近い：

Americans can eat garbage, provided you sprinkle it liberally with ketchup, mustard, chili sauce, Tabasco sauce, cayenne pepper, or any other condiment which destroys the original flavor of the dish.　　　　　　　　　　　　　　　　　—— Henry Miller
　「アメリカ人は、どんな残飯でも喰う。それにケチャップ、マスタード、チリソース、タバスコ、粉末唐辛子、ありとあらゆる香辛料をぶっかけ、素材の味をわからなくしてやれば」　　——ヘンリー・ミラー（米国作家。『北回帰線』の著者）

　その他、suppose（仮に〜だとしたら）もあるが、これは仮定法もとるので省略する。

9 現在のことに対する仮定 (1/2)

> ★Coca-cola [would : will] be green if coloring were not added to it.
> 「もし着色剤が添加されていなかったら、コカコーラは緑色になる」

正解 would

既に述べたように、would はその「過去性」のほとんどを失い、現代では仮定法の中で will の意味を維持しつつ多用されている。

現実性がまったく無い内容について述べるとき、仮定法で表す：
S + 助動詞の過去 … if S + (助)動詞の過去

If I were married to you, I'd put poison in your tea.
―― Lady Astor (to Winston Churchill)
*Lady Astor：英国の女性国会議員。
If you were my wife, I'd drink it. ―― Winston Churchill (in reply)
「(チャーチルに対して) 私があなたと結婚したら、あなたのお茶に毒を入れるわ」「(これに応えて) もしあなたが私の妻だったら、そのお茶を飲むね」

If Barbie was a real woman, her head would be the same circumference as her waist, meaning she would have room for only half a liver and a few inches of intestines. The result: chronic diarrhea and death from malnutrition.

「もしバービー人形が本物の女性だったら、彼女の頭はウェスト回りと同じ寸法になる。つまり、肝臓は通常の半分、大小の腸は数インチでないと収まらない。結果：慢性の下痢症状、そして栄養失調による死」

Unlike the rest of Disney's Parks, the Magic Kingdom Railroad in Tokyo Disneyland does not circle the entire park. If it was that large it would qualify as a public utility and fall under guidelines as per the Japanese Government.

*the Magic Kingdom Railroad：ウエスタンリバー鉄道に相当する。
fall under + O：O に組み込まれる　as per …：…に従って

「他のディズニーランドと異なり、東京ディズニーランドのウエスタンリバー鉄道はパークを一周していない。鉄道がそこまで大きな規模になると、公共交通としての資格を得てしまい、国法による指針の影響下に入ってしまうからだ」

10 現在のことに対する仮定 (2/2)

> ★If men [knew : know] how women pass the time when they are alone, they would never marry.
> 「女性が独りでいるとき、どのように過ごしているかを男が知ったら、決して結婚しようとは思わないだろう」

正解 knew

条件節だけ見せられれば、knew でも know でも可能だが、主節の would に歩調を合わせると、仮定法とみなして、knew にする。
前項で述べたように、一般動詞と助動詞はそのまま過去形が使われる：

If you went out into space, you would explode before you suffocated because there's no air pressure.
「宇宙空間に出て行ったら、気圧がないので、窒息する前に身体が破裂してしまう」
there's no air pressure は単なる事実なので、直説法が使われている。

If a murderer and his lawyer were both drowning, and you could only save one of them, would you go to lunch or read the paper?
「殺人犯とその弁護士が溺れていて、あなたはどちらか一人しか救えないとしたら、あなたは昼食を食べに行く？ それとも新聞を読む？」

BLACK

条件節「もし―できるなら」および主節「―できるだろう」には could を用いる。

If dogs could talk it would take a lot of fun out of owning one.
——Andy Rooney（米国のラジオ・テレビ作家） *it は前節全体の内容を受ける代名詞。
「もし犬が口をきいたら、犬を飼うことがさらに楽しくなるだろう」

If the sun stopped shining suddenly, it would take eight minutes for people on earth to be aware of the fact.
　　　　　　　　　　　　　　*It takes + 時 for + 人 to do: 人が―するのに◯時間かかる
「突然、太陽が輝きを止めたら、地球上の人がその事実に気がつくのに8分かかる」

If any of the heads on Mt. Rushmore had a body, it would be nearly 500 feet tall.
「ラシュモア山の（崖に彫られた大統領の）頭に胴体をつけ加えたら、その身長は500フィート近くになる」

11 過去のことに対する仮定

> ★If the cargo ship Californian [has : had] responded to the Titanic's signals for help, many more lives could have been saved.
> 「もし貨物船カリフォルニアン号がタイタニックの救難信号に反応していたら、もっと多くの人命が救われただろう」

正解 had

事実に反する過去の内容について述べるとき、条件文は「had + 過去分詞」になる。いわゆる「過去完了」時制とは別のものである。

この仮定法は複雑な構造をとる（助動詞の過去形は would で代表させる）：

S + would have + 過去分詞 ── ① if S + had + 過去分詞
　　　　　　　　　　　　　　② if S + would have + 過去分詞

Darwin would have enjoyed the East African lakes if he could have scuba-dived.
「もしダーウィンが（当時）スキューバ・ダイビングをできたら、東アフリカの湖を楽しむことができたであろう」

During WW II as US artillery units prepared to bombard an Italian village. G. I. Joe arrived through with word that the village had been captured by British troops. If he had not arrived in time, the troops and villagers would have been caught up in a bombardment. G. I. Joe was a US Army pigeon.
「第二次大戦中、米軍砲兵隊はイタリアのある村落を砲撃する準備を整えていた。その混乱の中、G. I. Joe が到着し、その村は既に英軍が掌握した旨を伝えた。もし彼の到着が少し遅れていたら、英軍と村人たちは（友軍の）米軍の砲火にさらされていただろう。G. I. Joe は米陸軍所属の伝書鳩であった」

次の例は判断が難しい。条件節が単純な過去になっている（おそらく誤文）：

If it became necessary to drop a third atom bomb on Japan, the city that would have been the target was Tokyo.
「もし3発目の原爆を日本に落とす必要が生じていたら、次に標的となっていたであろう都市は東京であった」

94

12 条件節がない仮定法 (1/3)

> ★They [can't : couldn't] hit an elephant at this distan ...
> —— General John Sedgwick, Union Commander 1864
> 「象だって撃たれやしないだろう、これだけ離れていれ…」
> ——北軍司令官 John Sedgwick 将軍（Spotsylvania の戦いで南軍狙撃兵の銃弾に倒れる）1864 年没

正解 couldn't

意外と知られていないが、仮定法表現は「主節＋条件節」のフルセットで現れるより、主節のみで使われるケースのほうがはるかに多い。

最も多用されるのは should（―すべきである）だが、ほとんどの人が仮定法であることを忘れている：

Q: You're trapped in a room with a tiger, a rattlesnake and a politician. You have a gun with two bullets. What should you do?
A: Shoot the politician. Twice.
Q: 一つの部屋に、あなたは虎とガラガラ蛇と政治家と一緒に閉じ込められたとする。手には弾丸が2つ装填された銃がある。さて、あなたは何をすべきか？
A: 政治家を撃つ。2回。

should の次に多いのは、言うまでもなく would で、会話中に頻出する：

➡ I love you babe.
⬅ I love you more.
➡ I would jump off a building for you!
⬅ I would step on a Lego for you!
➡「愛してるよ」
⬅「私のほうが愛してるわ」
➡「君のためならビルの屋上からでも飛び降りるよ！」
⬅「あなたのためなら、レゴを踏んづけてもいいわ！」

13 条件節がない仮定法(2/3)

☆I [could dance : could have danced] all night.
「一晩中だって踊れたわ」
*邦題『踊り明かそう』映画 *My Fair Lady* より。

正解 could have danced

could は「〜することができた」を表さない。上例は I could have danced all night if **I had been allowed** to stay out that long（もっと遅くまで外出が許されたら一晩中だって踊れたわ）と条件節を補って考えることができる。
ここでは過去に対する仮定法の主節の構造のみを見てゆく:

As questions regarding the atomic bombing of Japan grew, the US Air Force and Navy both published reports. It claimed that the conventional bombing and submarine war **would have** soon **forced** her to surrender.
「原爆投下に対する疑問が膨らみ、米空海軍は報告書を公開した。通常の空爆と潜水艦攻撃でも早晩、日本を降伏させることはできただろう、と主張するものであった」

At Tokyo's Shibuya train station a statue honors an Akita dog, *Hachiko*. He visited the station every day at 3 o'clock for 11 years in anticipation of the return of his deceased master. Some say he **should have known** that when his master didn't return it was because something was keeping him from returning.
「東京渋谷駅前に秋田犬ハチ公の偉業をたたえる銅像がある。ハチは11年間毎夕3時に駅を訪れ、実際は亡くなっていた主人の帰りを待った。しかし、主人が戻らなかったのは、何かが彼の帰りを阻止しているのだとハチは悟るべきだったと言う者もいる」

In Tokyo, Mariah Carey threw out the ceremonial first pitch in 2008. She managed to throw the ball, however it bounced half way to the plate before skipping past the catcher. Her 4-inch (10.16-cm) heels **might have had** some effect on her form.
「2008年東京（ドーム）でマライヤ・キャリーが始球式を行った。何とかボールを投げたものの、途中でバウンドしてしまい、キャッチャーの横を通り過ぎた。彼女が履いていた4インチのハイヒールが投球フォームに影響したかもしれない」

14 条件節がない仮定法(3/3) if の省略

> ☆[In case : Should] there be a crash, Prince Charles and Prince William never travel on the same airplane as a precaution.
> 「万が一航空機事故で墜落するといけないので、(王位継承者の) チャールズ皇太子とウィリアム王子は万一に備えて同じ飛行機には乗らない」

正解 should

 if ... should (アメリカ口語英語では in case ... の意味で使うことがある) の倒置構造。In case there be ... は古典的英文 (1920 年頃まで) なら OK。
 were と助動詞 had、should に限られるが、if をとらない倒置構造がある:
 If I **were** [Were I] in your shoes 「もし私があなたの立場にいたら」
 If it **had** [Had it] not been for your advice 「もしあなたの助言がなかったら」
 If you **should** [Should you] have any questions 「もし何か質問がございましたら」
 古風で詩的な表現。厳密には、if の省略ではなく、仮定法の一形態であった:
 By any other names would smell sweet; So Romeo would, were he not Romeo call'd. —— *Romeo and Juliet*
   *were he not Romeo call'd = if he were not called Romeo
 「《前略》たとえ他の名前で呼んでも (バラの) 香りは甘いはず。ロミオだって、仮にロミオという名前でなくても、同じロミオに変わりはないはず」
 現在、よく使われるのが、商業書簡文の最後にある決まり文句:
 Should you have any questions, please **do** not hesitate to contact us.
 「何かご質問がありましたら、遠慮なくご連絡ください」
 Originally, a lifeboat drill was scheduled to take place on board the Titanic on April 14, 1912. However, for an unknown reason, Captain Smith canceled the drill. Many believe that **had the drill taken place**, more lives could have been saved.
 「本来は、1912 年 4 月 14 日、タイタニック船上で救命艇の訓練が予定されていた。しかし、理由は不明だが、スミス船長はこの訓練を取りやめにした。訓練をしていれば多くの命が救われたのに、と嘆く人は少なくない」

15 仮定法現在（1/2）

> ✮Game is over as of Dec. 9. I have moved on and I suggest you [do : did] the same. Do not knock on my door or ring my phone ever again. Bye.
> 「12月9日をもって、ゲームは終わりよ。私は私の道を行く。あなたも同じことをするよう勧めるわ。二度と私の家のドアをノックしないで。二度と私に電話をしないで。じゃ」

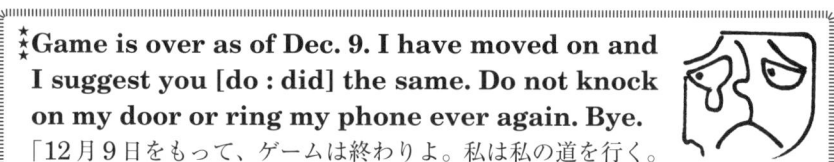

正解 do

アメリカ英語で多用される構造で、この do は現在形ではなく原形不定詞。
「—するように」Ⓐにお願いしたり、提案したり、命令するとき、「(that) Ⓐ＋原形不定詞」が名詞節中に現れる動詞形（上例 do）を指す：

On July 27, 1945, in the Potsdam Declaration the Allied powers requested that Japan surrender unconditionally.
「1945年7月27日、ポツダム宣言で連合国は日本に無条件降伏するよう要求した」

A young, unknown Australian beat the world number one Rafael Nadal in Wimbledon. Ranked 144th in the world, the 19-year-old Nick Kyrgios is now the hero of Australia. Excited fans called radio stations to demand statues be erected, mountains and towns be renamed and a new national dish be named after him.
「若い無名のオーストラリア人が（2014年）ウィンブルドン選手権で世界ランク1位のラファエル・ナダルを破った。世界ランク144位、19歳のニック・キリオスはいまやオーストラリアの英雄である。興奮したファンは各地のラジオ局に電話をかけ、やれ立像を建造しろとか、彼の名をつけた山や街、あるいは新しい国民料理をつくれと要求した」

At around 13:55, Admiral *Tōgō* ordered the Z flag be hoisted, issuing an announcement to the entire fleet: The Empire's fate depends on the result of this battle, let every man do his utmost duty.　　　　　　　　　　　　　　　*hoist:（旗、帆など）を揚げる
「13時55分頃、東郷（平八郎）元帥はZ旗（戦闘開始）の掲揚を命じ、全艦隊に打電した："皇国ノ興廃此ノ一戦ニ在リ、各員一層奮励努力セヨ"」

16 仮定法現在(2/2)

★The attack on Pearl Harbor took place before any formal declaration of war was made by Japan, but this was not Admiral *Yamamoto*'s intention. He originally stipulated that the attack [should : must] not commence until thirty minutes after Japan had informed the United States that peace negotiations were at an end.

「真珠湾急襲は日本軍による正式の宣戦布告なしに実行された。しかし、これは山本（五十六）元帥の意図するところではなかった。彼は元々、和平会談が暗礁に乗り上げたことを米国に報告後 30 分を過ぎるまでは攻撃してはならぬと規定していた」

正解 should

stipulate（規定する、（条件として）要求する）はこの構文が馴染む動詞の1つで、契約の条文などで頻出する。should do とするのはイギリス語法で、原形不定詞より新しい語法。また、仮定法現在は、お願いや要求の動詞に続く that ... 節中だけでなく、同様の意味合いを持つ名詞に続く同格節中などでも発生する：

It was a rule that no living person appear on a U.S postal stamp until September 2011 when the postal service announced that they would take suggestions for living people to be featured.

「2011年9月、米国郵便公社は存命中の人物も切手の肖像に採用すべきという提案を受け入れると公表した。それまでは米国切手には存命中の人物は印刷されないという規則があった」

上例の場合、rule（規則）が「命令」に準じる意味を持つので、order に続く名詞節中と同様、仮定法現在 appear が使われている。次の例は wish を説明する名詞節中：

Michael Jackson's last wish was that his body be turned into plastic doll. So that little kids can play with him. It turns out this wish is not difficult to implement because his body was already 99% plastic. *cf. plastic surgery: 形成外科

「マイケル・ジャクソンの最後の望みは自分の身体をプラスチックの人形に変えることだった。そうすれば、子どもたちが彼の人形で遊べるから。この望みを実行するのはさほど難しいことではない。彼の身体は既に 99% プラスチックだったから」

17 仮定法の慣用構文 (1/2)

> ★If I [shall : should] die, please offer my heart to someone who needs it.
> 「私が死んだら、心臓を必要としている人に私の心臓を提供してください」

正解 should

条件節に should を置いて「万が一にも―するようなことがあったら」。
If my wife should shoplift again, I would cut relationships with her.
「もし妻がまた万引きをしたら、夫婦の縁を切ってやる」
主節の動詞は、現実性が高い場合は直説法、低い場合は仮定法、と使い分ける。

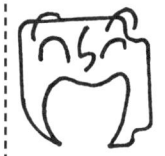

> **If I were to rearrange the alphabet, I would put U & I together.**
>
> 「もし私がアルファベットを並べ替えるとしたら、U (you) と I をくっつけるわ」

条件節は If S + were [was] to do …、意味は上例 should と同じ。
次例は if it weren't for + 名 で「もし名 がなかったら」を表す。過去に対しては if it hadn't been for + 名 がある：
If it weren't for marriage, men would spend their lives thinking they had no faults at all.　　　*no(t)… at all: 決して…ない
「もし結婚がなかったら、男は自分にはまったく欠点がないと思い込んだまま生涯を終えることだろう」
下の例はいささか古い。1860年代に書かれた書簡で、当時は lest S should do (―するといけないから) が常用されていた：

> 《The farewell letter to his wife》 **Lest I should** not be able to write you again I feel impelled to write a few lines that may fall under your eye when I am no more.
> —— Sullivan Ballou (南北戦争時、北軍将軍。戦死)
> last words
> 《妻へ最後の手紙》「もう手紙を書くことができなくなるといけないから、今の内にしたためておこうと思って書いている。私の死後、君の目に触れるといいのだが」

18 仮定法の慣用構文 (2/2)

> ☆Dream **as if** [you'll : you'd] live forever.
> Live **as if** [you'll : you'd] die today. —— James Dean (→ p. 66)
> 「永久に生きるかのように夢を抱き、今日死ぬかもしれないと思って生きよ」

正解 どちらも you'll

現実性が高ければ直説法が、特に口語では優勢。

as if ... (あたかも…するかのように) の後の時制は近年では曖昧で、直説法と仮定法の両方が可能であるが、前者が、特に現代口語では、優勢:

Men stumble over the truth from time to time, but most pick themselves up and hurry off **as if** nothing happened.
—— Winston Churchill
「人は時おり真実につまずいて転倒し、その存在に気がつく。が、たいてい自ら起き上がり、何事もなかったかのように先を急ぐ」—— ウィンストン・チャーチル

I wish ... (…だったらいいのに) に続く節は仮定法に従う:

> 《T-shirt Print》
> I **wish** these **were** brains.
>
> 《女性用 T-shirt の胸部に来る文字》
> 「これが脳だったらいいのに」

Q: What is the definition of "hospitality"?
A: Making your guests feel like they're at home, even if you **wish** they **were**.
Q:"おもてなし"の定義って何?
A: お客にまるで自分の家にいるような気分にさせること…たとえ、自分の家に帰ってほしいと思っても。

Getting married is like going to a restaurant with friends. You order what you want, then when you see what the other fellow has, you **wish** you **had** ordered that instead.
「結婚をするのって、レストランに友達と行くのと似ている。自分の食べたいものを注文して、そして友人が注文したものを見ると、あっ、そっちを注文しておけばよかったって後悔する」

第 6 章
文の中の小さな文

　ここでは「文」の定義を「最低要素として'主語＋動詞'を持つ」としておく。どんな言語でもそうだが、「文」は基本的に'主語＋動詞'で構成されている。その大きな文の中に小さな文が、ときには複数、入り込んでいる。本書では、この小さい文を「節」と位置づける。都道府県を1個の文にたとえるなら、その中に小さな市町村があり、それぞれに首長がいて市民がいるようなもの。

　「節」もまた、「名詞」「副詞」「形容詞」として機能する。ここでは、名詞節と副詞節を1つのペアとして扱い、形容詞節の別称である関係詞節を別個に扱う。名詞節も副詞節も、本書では既にあちこちで現れているが、ここでは比較的複雑で難しい構造のものを解説していく。

　　副詞節
　　名詞節
　　形容詞節＝関係詞節

　関係詞は関係代名詞と関係副詞に大別される。強調構文は関係詞に似ているところもあるが、別の章（特殊構文）で扱う。その他、that を含む重要構文（例: so that ...）もここで扱う。

　本章の最後に、関係代名詞をやったついでに、代名詞の重要語法をいくつか紹介しておく。また、one や that に代表されるこれらの代名詞は同質の形容詞としても機能することが多いので、これも同時に扱う。

1 名詞節と副詞節の両方を持つ if と when

> ☆You couldn't tell [if : when] she was dressed for an opera or an operation.
> —— Irvin S. Cobb（米国作家、コラムニスト）
> *couldn't ... は仮定法。can tell ...: …の違いがわかる
> 「彼女の服装はオペラの鑑賞に行くのかオペを受けに行くのか見分けがつかないだろう」

正解 if

if は名詞節中では「～かどうか」、副詞節中では「もし～したら」を意味する。when は名詞節中では「いつ～するか」、副詞節中では「～するとき」を意味する。

If not me, who? And **if** not now, when? —— Mikhail Gorbachev
「私でなければ、誰が？ 今でなければ、いつ？」 ——ミハイル・ゴルバチョフ

When the American Civil War started, Confederate Robert E. Lee owned no slaves. Union general Ulysses S. Grant did.
「南北戦争が勃発した当初、南部連邦（＝南軍）の R. E. リー司令官は黒人奴隷を所有していなかったが、北部諸州（＝北軍）の U. S. グラント将軍は奴隷を所有していた」

last words

It was an accidental suicide as he shot himself with a blank-loaded 44 Magnum on the set of TV show. He said, "Let's see **if** this will do it." The powerful shock-wave from the blank cartridge penetrated his skull. American actor J. E. Hexum died October 18, 1984.
「それは偶発的に起こった自殺であった。テレビ番組のセット上で空砲が装填されたマグナム 44 を自分に向けて撃ってしまった。"どんな具合なのか試してみよう"と彼は言った。火薬の爆発による衝撃波が頭骸骨を貫通した。米国男優、J. E. Hexum は 1984 年 10 月 18 日死亡した」

when ... は even when [if] ...（たとえ…でも）と解釈しなければならないことがある：

The word "queue" is still pronounced the same way **when** the last four letters are removed. *queue [kju:]:（順番を待つ人や車の）列
「queue という語は最初の 1 文字以外が除去されても発音は同じ」

104

2 名詞節の7W1H (what, when, who, where, whether, why, which, how)

> *When I asked my wife [what she wanted : what did she want] for her birthday, she said she wanted something with diamonds. So I gave her a pack of cards.
> 「誕生日に何が欲しいか、と妻に聞いてみたところ、彼女は"何かダイアモンドがついた物が欲しい"と言った。だから、トランプ1組をあげた」

正解 what she wanted
名詞節中では疑問文の語順を平叙文の語順に戻すのが正用法。

How does a rice cooker know when it should turn off?
「炊飯器はどうやって電源を切るタイミングを知るのだろうか？」

Tell me who you live with and I will tell you who you are.
—— Spanish Proverb
「誰と暮らしているかを教えてくれれば、あなたがどんな人かわかる」
——スペインの諺

People don't notice whether it's winter or summer when they're happy. —— Anton Chekhov
「人は幸せなとき、季節が冬か夏か気がつかない」 ——チェーホフ

Google Maps calculates traffic by tracking how fast Android devices are moving on the road.
「グーグル・マップは個人所有のアンドロイドがいかに速く路上を移動しているかを追跡することによって交通量を算出している」

There is no period after the Dr in 'Dr Pepper.' There is no record of how the name 'Dr Pepper' came about.
　　　　　　　　　　　*Dr.Pepperとなっていないという内容。
「Dr Pepperの（ロゴにある）Drの後にはピリオドが打ってない。どうしてDr Pepperという製品名が出来たのか記録がない」

Who can figure out why *kamikaze* pilots wore helmets?
「なぜ神風特攻隊員がヘルメットをかぶっていたかわかる人いる？」

If you can't tell which end of a worm is which, tickle it in the middle and see which end smiles.
「毛虫のどっちが頭でどっちが尻かわからないときは、胴体の中央をくすぐってみて、どっちが笑うか見ればいい」

3 名詞節を作る関係詞の what

★He loves nature in spite of [that : what] it did to him.
—— Forrest Tucker（米国男優）
「彼は自然が好きだ。自然が彼に何をしたかも知らずに」

正解 what

in spite of ...（…にもかかわらず）は、その後に名詞節「自然が彼に何をしたか」はとらない。よって what ... は関係詞節（what S did: S がしたこと）。しかし、訳すときは context に従って、名詞節で訳したほうがしっくり来る。

Never do today what you can put off till tomorrow.
—— William B. Rands（英国作家）
「明日まで延期できることは今日やってはならない」

I am surprised at the way people seem to perceive me, and sometimes I read stories and hear things about me. I wouldn't like her either. It's so unlike what I think I am or what my friends think I am. —— Hillary Clinton
「人々が私をどう見ているかを知って驚いている。ときおり、私について書かれた話を読んだり、私のことを語っている情報を聞く。そこで出てくる'私'も好きじゃないわ。それは、私が考えている私じゃないし、私の友人が考えている私でもない」 ——ヒラリー・クリントン

➡ Mom! I saw you with Fred. But I promise I would not tell Dad only if you buy me a car. Oh! And a new phone.
↩ You are texting your dad, sweetheart.
➡ Oh, Dad! Forget what I said. Oh! By the way I saw you with my teacher.
↩ Do you want anything else, sweetie?
➡「ママ？ フレッドと一緒にいるところ見たわよ。でも、パパには言わないって約束する。ただし、車を買って。あっ、それから新機種のスマホもね」
↩「おい、パパにメール送ってどうするんだ」
➡「ゲッ！ パパ！ 今言ったこと忘れて。そう言えばパパ、私の担任と一緒にいたでしょ？」
↩「他に欲しいものはあるかい？」

4 副詞節(1/3)

> *[Every : By the] time you sneeze your heart stops a second.
> 「くしゃみをするたびに心臓が1秒間停止する」

正解 Every

every [each] time S + V で「SがVするたびに」を意味する。by the time S + V は「SがVする頃には」で、この文意には合わない。

Patient: **Each time** I drink a cup of coffee, I get a pain in my eye.
Doctor: **Take the spoon out.**
患者：コーヒーを飲むたびに目が痛むんです。
医師：スプーンをどかして飲めば。

Q: What is a question with a different answer **every time** you're asked?
A: "What time is it?"
Q：聞かれるたびに答えが異なる質問って何？
A：「今、何時？」

類型構文に (the) next time S + V (次回SがVしたら) もある：

《A young boy comes home from school in a bad mood.》
Father: **What's wrong, son?**
Son: **I was upset because another kid had been teasing me and calling me gay.**
Father: **Punch him in the face next time he does that. I bet he'll stop.**
Son: **Yeah, but he's my type.**
《少年が不機嫌な顔をして学校から帰って来た》
父親：どうしたんだ？
息子：友達の一人が僕に意地悪をして、ゲイって呼ぶんだ。僕、慌てちゃって。
父親：今度そんなことしたら、顔をぶん殴ってやれ。きっと黙るぞ。
息子：うん、でも、好きなタイプなんだ。

5 副詞節(2/3)

> ★America is a melting pot, the people at the bottom get burned [before : while] all the scum floats to the top.
> —— Charlie King（米国歌手、活動家） *scum: あく、かす
> 「アメリカは人種の坩堝(るつぼ)だ。底辺にいる人々は焼かれ、いっぽう、'あく'だけが上層に浮かび上がってくる」

正解 while

X while Y の構造で、XとYが同時進行であることは確かだが、順接か逆接かは context による。ここでは、逆接。

副詞節を導く接続詞（的要素）は「時」に関するものが多い：
Woodrow Wilson's campaign slogan was "He kept us out of war". About a month after he took office, the United States declared war on Germany on April 6, 1917.
「Wilson（第28代）米大統領の選挙ポスターのスローガンは（第一次世界大戦で）"彼は我々を戦争に巻き込まなかった"であった。就任して1か月後の1917年4月6日、合衆国はドイツに対し宣戦を布告した」

以下2例では順接「…している間」と逆接「…するけれど」を微妙に使い分ける：
On August 6, 1945, the United States dropped an atomic bomb on Hiroshima. It instantly flattened the city, killing tens of thousands of civilians. While Japan was still trying to comprehend this devastation three days later, the United States struck again, this time, on Nagasaki.
「1945（昭和20）年8月6日、米国は広島に原爆を投下した。瞬時にして市街を壊滅し、数十万もの市民の命を奪った。その3日後、日本政府はいまだこの破壊を理解しきれていなかったが、米国は2発目の原爆を今度は長崎に落とした」

The first pyramids were built while the woolly mammoth was still alive. While most mammoths died out long before civilizations arose, a small population survived until 1650 BC.
「最初のピラミッドが建造された頃、毛むくじゃらのマンモスはまだ地球上に生存していた。文明が起こるはるか以前にほとんどのマンモスは死んだが、紀元前1650年頃までわずかながら生息していた」

6 副詞節(3/3)

★《answering phone》You have called 123-4567. If you are my son, sorry, I am broke too. If you are a friend, leave a message after the tone. I'll call you up [as soon as: until] I can.　*broke: 一文なしの
「『《留守番電話の自動応答》はい、こちらは123-4567です。もしあなたが息子だったら、ごめん、俺も金はない。もしお友達だったら、ピー音の後にメッセージを残してください。できるだけ早くこちらからかけ直します』」

正解　**as soon as**

as soon as S+can で「Sができるだけ早く」を意味する。as soon as possible とも言う。until S+V は「SがVするまで(ずっと)」。by the time S+V (SがVする頃には) と混同しないように。

次例ではカンマで仕切られているので、それなりに追加的に訳出する必要がある：

The Spanish mistook California for an island for 200 years, **until** in 1776 a Spanish explorer named Juan de Anza walked from Texas to California to prove everyone wrong and correct the mistake.　　　　*prove+O+C: OがCであることを証明する
「スペイン人は200年間カリフォルニアが島であると思っていたが、1776年フアン・デ・アンザというスペインの探検家がテキサスからカリフォルニアまで歩いて、皆が間違っていたことを証明し、間違いを正した」

次の in case S+V は「SがVしたら(困るので)」で、2とおりに解釈される：

A pilot and a co-pilot never eat the same meal, **in case** one of the meals is contaminated.
　　　　　　　　　　*in case S+V はここでは「SがVすると困るから」。
「機長と副機長は決して同じ食事をとらない。どちらかの食材で食中毒になるかもしれないので」

Ida Straus, a wife of the co-owner of Macy's, chose to stay on the Titanic with her husband **as** it sank.　*Macy's: 米国の老舗デパート。
「Macy's の共同経営者(Isidor Straus)の妻 Ida Straus は、(退船せず)沈みゆくタイタニックの船上に夫とともに留まることを選んだ」

7 さまざまな that 節 (1/4) that 節が目的語

☆You are so dishonest that I can't even be sure [that what : what that] you tell me are lies!
《corsinet.com》
「あなたがあまりにも不誠実なので、あなたが私に言っていることが嘘だということすら判断できない」

正解 that what

be sure ... (...を確信している) のような形容詞は that ... 名詞節をとる。その節中にさらに what ... の関係詞節が同居した構造。
ここでは、さまざまな that ... 節をまとめておく(関係代名詞は後述)。

When you were born, God admitted that even He could make a mistake!
「おまえが生まれたとき、神でさえ過ちを犯すことがあるとお認めになった」
could make a mistake は述語動詞 admitted (過去) に合わせて過去形にしたもの。「時制の一致」という。次の類例では、述語動詞が現在なので、時制の一致は発生しない:

33 percent of dog owners admit that they talk to their dogs on the phone or leave them messages on an answering machine.
「犬の飼い主の33%が、電話で犬に話しかけたり、留守電に伝言を残すと認めている」

I don't mind that you are talking so long as you don't mind that I'm not listening.
「あなたがどんなに長話をしても気にしないわ。だって、あなたも私が聞いていないことを気にしていないんだもの」

insult

as ... は「理由」の副詞節で「...気にしていないので」と直訳できる。
There are nearly 160 distinctive breeds and types of horses around the world, but the Arabian horse is unique in that it is the purest of all of the breeds.
「世界中の馬は160種もの血統や形態に分類できるが、アラブ種だけは、他種との交雑が全くない純血種であるという点で独特である」
in that S + V は既成の構文で「S が V するという点で」を意味する。

110

8 さまざまなthat節(2/4) that節が主語、補語

★"Swords" and "words" have the same letters. [Strange fact is that : Fact is strange that] they have the same effect too. It depends on how we use them.
「swords（剣）と words（言葉）は同じ文字を含む。奇妙なことに両方とも同じ効力を持っている。我々がいかにそれを使うかにかかっている」

正解 Strange fact is that

これは that ... 節が補語になったケースで、「奇妙な事実は…ということだ」と直訳できる。後者の語順はない。

I think it's wrong **that** only one company makes the game Monopoly.　　　　　—— Steven Alexander Wright（米国男優）
*monopoly: 独占。that ... 節は実質的な主語。
「モノポリー・ゲームの製造販売を1社が'独占'しているのは間違っている」

It's not true **that** I had nothing on. I had the radio on.
　　　　　—— Marilyn Monroe
「私が何も'着けて'いなかったというのは真実じゃないわ。私はラジオを'着けて'いたもの」　——マリリン・モンロー　*have nothing on: 何も身につけていない

The difference between stupidity and genius is **that** genius has its limits.　　　　　—— Albert Einstein　*that ... 節は補語。
「馬鹿と天才の違いは、天才には限度があるということだ」——アインシュタイン

That the Great Wall is a single, continuous wall built all at once is a myth. In reality, the wall is a discontinuous network of wall segments built by various dynasties.
「万里の長城は単一の連続した壁で、一時に建造されたというが、それは俗説だ。実際は、不連続の壁の集合体で、数代の王朝が作業を引き継いで建造した」
　That ... is a myth. はバランスが悪いので、現代では It is a myth that ... という形式主語構文が一般的。次の例は that ... 節が目的語になった構造であるが、仮に it を置いている:

A judge found <u>it</u> unbelievable **that** a man arrested for drug possession was really named Edward Cocaine.　　　　　*cocaine: コカイン
「裁判官ははじめ信じられなかった。麻薬所持で逮捕された男の名前が本当に Edward Cocaine だったのだ」

9 さまざまな that 節 (3/4) 同格の that

★The fact [that : why] no one understands you doesn't mean you're an artist.
「人がおまえを理解することはできないという事実は、"おまえは芸術家だ" という意味じゃないぞ」

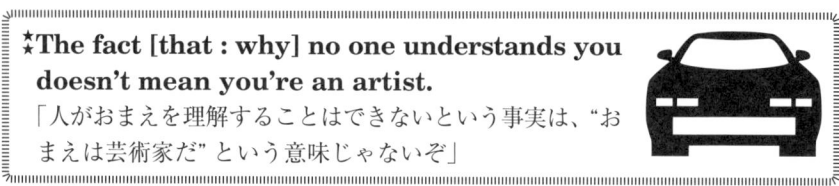

正解 that

「同格の that」と呼ばれる構文で、読解文中で頻出する。「抽象⑧ + that S + V」で「S が V するという⑧」と直訳される。抽象名詞には fact、chance、news などがよく現れる。新聞見出しや口語では、that が省略されることがある。

Male dogs will raise their legs while urinating to aim higher on a tree or lamppost because they want to leave a message that they are tall and intimidating.
*while urinating = while (they are) urinating
「雄犬はなるべく高く足を上げて樹木や街燈におしっこをするが、それは自分が大きくて恐い犬だぞというメッセージを残したいからである」

Q: What do dinosaurs and decent politicians have in common?
A: The fact that they're both extinct.
Q: 恐竜と誠実な政治家に共通するものって何？
A: 両方とも絶滅したという事実。

Q: What's the chance that I will be murdered in Japan? I'm Chinese.
A: You are more likely to be killed in China by other Chinese … 《YahooanswersUSA》
Q: 日本で殺される可能性はどれくらい？ 私は中国人だけど。
A: 中国で他の中国人に殺される可能性のほうが高いと思うよ。

同格の that は時に省略されることがある。新聞の headline や口語で頻発する。次は a feeling (that) we're not … と補って訳す:

"Toto, I've got a feeling * we're not in Kansas anymore."
—— *The Wonderful Wizard of Oz*
「トト、もうここはカンザスではないような気がするわ」 ——『オズの魔法使い』

112

第 6 章　文の中の小さな文

10 さまざまな that 節(4/4) so（…）that

> *Apple's name recognition was [so : such] low in Japan in the early 1980s that refrigerated trucks were used to deliver shipments of Apple computers. Workers thought the boxes contained apples.
> 「80 年代初頭の日本ではアップルの認知度はとても低かったので、運送業者は冷凍車でアップル・コンピュータを運んだ。(ロゴを見て) 中身はリンゴだと勘違いしていたのだ」

正解 so

「so … that ～構文」と呼ばれる有名な構造で、通常、前から「あまりにも…なので～する」と直訳される。that は口語ではしばしば省略される:

➡ I'm so proud of my boyfriend. Last night he was **so** drunk * he didn't recognize me.
⇦ What is so good about that?
➡ So, when I tried to give him a hug he said "Back off. I have a girlfriend!"
➡ 「彼ってすごく立派だわ。昨日の夜、泥酔していて私が誰かもわからないの」
⇦ 「それがどうしてそんなに立派なの？」
➡ 「私がハグしようとしたの。そしたら言ったわ "寄るな！ 俺には彼女がいる"」

次例は、後ろから「～するほどそんなに…」と戻るほうが訳しやすい:

By all means let's be open-minded, but not so open-minded that our brains drop out.　── Richard Dawkins (英国の動物行動学者)
「さあ、みんな、オープンマインドで行こう！ でも、脳がこぼれ出るほど開いちゃダメ」　　　*mind は head (頭) の中にあるという発想に基づく。

so … that ～とほぼ同意で、such + 名 that ～という構造もある:

The ancient Romans built such an excellent system of roads that the saying arose "all roads lead to Rome."
　　　*the saying arose "all … Rome" = the saying "all … Rome" arose
「古代ローマの道路整備は非常に優れていたので "すべての道はローマに通じる" という諺が生まれたほどだ」

113

11 節中の時制

> ★Oak trees do not have acorns until they [are : will be] fifty years old or older.
> 「どんぐりの木は植えてから最低 50 年たたないと実をつけない」

正解 are

「時」を表す副詞節中の時制については「たとえ内容が未来に関わるものでも、動詞は現在形を用いる」という大原則がある。

Everyone is born equal in life, until they get married.
—— anonymous
「人は誰でも生まれつき平等である、結婚するまでは」 ——読み人知らず

Americans always try to do the right thing … after they've tried everything else. —— Winston Churchill
「アメリカ人は常に正しいことをしようとする
…他のすべてのことをやり終えた後で」

上例、副詞節の after they've tried … は現在完了形であるが、これはあくまでも「現在」に属する時制なので上記原則に矛盾しない。

By the time an average American child finishes elementary school, they have seen 200,000 violent acts and 40,000 murders on television.
「平均的なアメリカの子どもが小学校を卒業する頃には、彼らは 20 万件の暴力シーンと 4 万件の殺人シーンをテレビで見ていることになる」

主節の they have seen … は現在完了時制。ここは未来完了で they will have seen … とやってもいいが、現代語法では単純な現在時制が多い。

ただし、次項でやる関係詞節（＝形容詞節）では「未来」は未来形で表現する：

Want To Talk?
We connect you to someone who will really listen to you through our secure network
All Free & Anonymous.
誰かと話したい？
秘密厳守のネットワークを通して
真剣にあなたの話を聞いてくれる人にお繋ぎします。
すべて無料、匿名可。

---

12 接触節（ゼロ関係代名詞）

☆☆The fat people [accumulates eat : eat accumulates].
*accumulate：蓄積する
「人が摂取する脂肪は（体内に）蓄積する」

正解　eat accumulates

　The fat (which / that) people eat accumulates. と補って考える。
日本の学校文法では「関係代名詞目的格の省略」と一般的に捉えられている。
上例は接触節を「悪用した」有名な「ひっかけ」問題で、類例もある：

The cotton clothing is usually made of grows in Mississippi.
「衣服の素材となる綿はミシシッピで栽培される」

　The cotton (which / that) clothing is usually made of … と補うと構造が見えてくる。「衣服がよく作り出される綿」と直訳できる。ほとんど直訳不可能なのが次の例：

The White House was originally gray, the color of the sandstone it was built out of.
「ホワイトハウスは元々、灰色、すなわちその原料となった砂岩の色だった」

　The White House was build out of the gray sandstone.（ホワイトハウスは灰色の砂岩を原料として建造された）という context を先取りして訳すしかない。

➡ How do I tell the girl I love that I love her?
↩ Just do it! Don't be scared.
➡ OK ... I love you.
↩ Good. Now go tell that girl.
➡ I just did.
➡「どうしたら好きな子に愛しているって伝えられるかな？」
↩「そのまま言えばいいじゃない。怖がってちゃダメよ」
➡「よし…愛してる」
↩「いいわ、その調子。彼女に直接、言ってやりなさい」
➡「今、言ったよ」

---

　1 行目は the girl (whom / that) I love と補う。I just did は現在完了（I've just done）に相当する米語法。

13 関係代名詞　目的格　whom, which, that

> ★It is a country located in Western Europe. The only country [＊：that] it borders is Spain. Guess which country it is.
> 「西ヨーロッパにあり、唯一国境を接するのはスペイン。さて、その国とはどこ？」

正解　どちらも可

　前項でやったとおり、目的格の関係詞はなくてもいい要素なので、それなりの理由がない限り使用されない。比較的、複雑な構造中で現れることが多い。

　次の例は「継続用法」中の which であるが、カンマで切って逐語的に訳す。ただし、「継続用法」は主格でも所有格でも共通して現れる（後述）：

A German physicist, Wilhelm Roentgen was awarded the Nobel Prize in 1901 for his discovery of x-ray, which he discovered by accident.

「ドイツ人物理学者 W. レントゲンは 1901 年 X 線の発見によりノーベル賞を受賞したが、それは彼が偶然発見したものであった」

　上例は、「継続用法」を用いなかった場合、「偶然発見した X 線によりノーベル賞を受賞した」となってしまい、そうではない別の X 線があると、意図しない主張をしていることになる。

Little Red Riding Hood was the first fairy tale that Walt Disney made a cartoon about.

「『赤ずきん』は、ウォルト・ディズニーが初めて漫画化した童話だった」

　この that は明らかに about の目的語になっているので、なくてもいいが、限定要素 the first（最初の）があるので、文語では that を置く傾向がある。結局、同意で、以下の3とおりの構文が可能となる。頻度（★）は異なる：

…was the first fairy tale　＊　Walt Disney made a cartoon about
　　　　　　　　　　　　　　　　　　　　　　　　　　★★★
…was the first fairy tale about which Walt Disney made a cartoon
　　　　　　　　　　　　　　　　　　　　　　　　　　★★
…was the first fairy tale that Walt Disney made a cartoon about
　　　　　　　　　　　　　　　　　　　　　　　　　　★
…was the first fairy tale which Walt Disney made a cartoon about
　　　　　　　　　　　　　　　　　　　　　　　　　　×

最後の例は理論的には可能だが、現代英語では敬遠される。

第6章　文の中の小さな文

14 関係代名詞　前置詞＋目的格

> ★Tablecloths were originally meant to be served as towels [with : for] which dinner guests could wipe their hands and faces after eating.
> 「テーブルクロスは本来、ディナー客が食後、手や顔を拭けるタオルとして用意されたものであった」

正解　with

　wipe their hands and faces with towels（タオルで手や顔を拭く）の関係にあるので、前置詞は with が正しい。

　The atomic bombing of Japan had been motivated by a desire to demonstrate the US's military might to the Soviet Union, about whom the Americans were nervous.
　「日本への原爆投下は自国の軍事力をソ連に見せつけたいという願望から生まれたもので、米国がソ連について神経質になっていた」

　The ecosystem of Easter Island was ruined by the human animal. The deliberate destruction of the trees led to the inability to make boats with which to fish and led to land erosion.
　＊主語（The deliberate destruction of the trees）は2つの動詞（led）をとっている
　「イースター島の生態系は人間という動物に破壊された。意図的に樹木を破壊したため漁をするための船を作ることが叶わなくなり、土地は浸食された」

　boats with which to fish は「関係代名詞＋to-不定詞」で、boats to fish with（それで漁をするための船）と同意。次の2例は all of which ＝ all of them、2,800 of which ＝ 2,800 of them と置き換えられる：

　One large egg contains about 185 mg of cholesterol, all of which is contained in the yolk.
　「大きい鶏卵1個には約185 mgのコレストロールが含まれるが、そのすべては卵黄の中に含まれている」

　Baskin-Robbins claims to be the world's largest ice cream franchise, with more than 5,600 locations, 2,800 of which are located in the United States.
　「Baskin-Robbins（31アイスクリーム）は世界で最多のフランチャイズを5,600か所以上で展開していると主張しているが、その内2,800は米国内にある」

15 関係代名詞　主格　who, which, that

> ★A boy [who : he] was a girl fell in love with a girl [who : she] was a boy.
> 「女だった男が男だった女に恋をした」

正解　どちらも who

関係代名詞の主格は以下のごとく{　}でくくると意味も変わらず、構造もわかりやすくなる。ここで a boy と a girl は「先行詞」と呼ばれる：
　　A boy {he was a girl} fell in love with a girl {she was a boy}.
→A boy ~~he~~ who was a girl fell in love with a girl ~~she~~ who was a boy.

　　Dick Rowe was head of A&R at Decca Records in Britain. He is famous as the man who turned down a small rock band from Liverpool. He told their manager, "Guitar groups are on their way out." Not long after, they signed with EMI.
　「Dick Rowe は英国のデッカ・レコードの主任 A&R であったが、リバプール出身の小さなロック・バンドを不採用にしたことで有名だ。彼はマネージャーに言った"もうギターのロックグループなんて流行ってないのよ"。ほどなくして、このロック・バンドは EMI と契約を交わした」　*A&R: Artist and Repertoire の略。アーティストの発掘・契約・育成などを担当する。

先行詞が「人」でも that が、特に口語で、使われることがある：
Babies that are 4–6 months old naturally know how to swim.
「生後 4〜6 カ月の乳児は生まれつき泳ぎ方を知っている」
先行詞と which の間をカンマで切って、逐語的に訳す場合がある：
In 1933 Hitler appointed Porsche as the designer of 'Volks Wagen', which later became known as "Volkswagen Beetle."
　　　　　　　　　　　　*Volks:「民衆、大衆」を意味するドイツ語。
「1933 年、ヒットラーはポルシェを指名して、"国民的大衆車" の設計を委ねたが、これが後の "フォルクスワーゲン・ビートル" である」
1 個の先行詞を受けるのではなく、前節の内容全体を受ける継続用法も多い：
Tiger Woods chose to cheat on Elin Nordegren, which cost him possibly $12 billion.
「タイガー・ウッズは妻の Elin Nordegren を裏切って浮気をしたが、結局それで 120 億ドルを犠牲にするはめになった」

16 関係代名詞　所有格　whose

> *Washington, Jefferson, Lincoln, and Teddy Roosevelt are the four US presidents [whose : which] faces are carved on Mt. Rushmore.
> 「ワシントン、ジェファーソン、リンカーン、ルーズベルトの4人は、その顔がラシュモア山の中腹に彫刻された合衆国大統領である」

正解 whose
以下のように形容詞節になる範囲を{　}でくくると、意味も変わらず、構造もわかりやすい:
　…are the four US presidents {their faces are carved on Mt. Rushmore}
→…are the four US presidents their whose faces are carved on Mt. Rushmore
　his、their、its などの所有格の代名詞を whose に置き換えることで完成する。
Etan Patz was the first ever missing child whose picture appeared on the side of a milk carton.
「Etan Patz はその顔写真が（情報提供を求めて）牛乳パックの側面に印刷された最初の行方不明の子どもだった」
Martha Washington is the only woman whose portrait has ever appeared on a US currency note.
　　　*Martha Washington：初代アメリカ合衆国大統領ジョージ・ワシントン夫人。
「Martha Washington はその肖像が米国紙幣に印刷された唯一の女性である」
　whose は本来「人」を指す疑問詞であるから、先行詞も「人」が原則。以下2例にあるように、「物」に使うことに抵抗を感じる人は現代では多い。
Maine is the only American state whose name is just one syllable.
「メイン州は単音節の名前を持つ唯一の合衆国の州である」
Ketchup was a term used for various sauces whose only common ingredient was vinegar.
「ケチャップは本来、さまざまなソースに適用された用語で、その唯一の共通成分は酢であった」
　仮に使うとしても、a word whose meaning（言葉＋その意味）のような密接な関係の語順が受容される限界。a house whose roof（家＋その屋根）は明らかに拒絶される。

17 関係副詞 where (1/2)

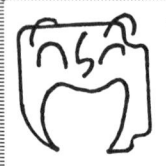

> *Hollywood is a place [where : there] the stars twinkle until they wrinkle.
> —— Victor Mature（米国男優）
> 「ハリウッドとは、スター（星）が輝き、やがてしわだらけになってゆく場所だ」　　*twinkle と wrinkle は同韻。

正解　where

「場所」でつなげる関係詞だから、関係副詞の where が正しい。
形容詞節になる範囲を {　} でくくるとわかりやすい：
　Hollywood is a place {there the stars twinkle …}
→Hollywood is a place there where the stars twinkle …

Urayasu is the name of the town where Tokyo Disneyland is built.
「浦安は東京ディズニーランドがある街の名前だ」

Q: What do you call a country where everyone has to drive a red car?
A: A red carnation.
Q: 誰もが赤い車を運転しなければならない国ってど〜こだ？
A: a red car nation（赤いカーネーション）

There was a court case where a surfer sued another surfer for stealing his wave.
「サーファーが別のサーファーに波を奪われたと訴えた裁判事例がある」

4:17 pm July 20th 1969: At the date and time stated, Neil Armstrong took some historic steps at a place where no one had walked before.
「1969年7月20日午後4時17分：この日、この時、ニール・アームストロングは人跡未踏の地に歴史的足跡をしるした」

Being an astronaut is funny. It's the only job where you get fired before you start working.
　　　　　　*get fired: 火をつけられる、解雇される　《*laughfactory.com*》
「宇宙飛行士というのはおかしな仕事だ。働き始める前に解雇される［ケツに火がつく］唯一の職業だ」

18 関係副詞 where (2/2)

> ★Only the wearer knows [where : why] the shoe pinches.
> —— English Proverb
> 「靴のどこが当たって痛いかは履いている本人にしかわからない」
> ——英国の諺

正解 where

いわゆる「先行詞を含む関係詞」で、この場合は、where S + V が the place where S + V (S が V する場所) も兼ねている：

The Emperor Caracalla was murdered by his own guards while he was relieving himself. That may be where the phrase "caught with your pants down" comes from.
「(ローマ) 皇帝カラカラは小便をしているとき警護の兵に殺された。これが"ズボンを下ろしているところを襲われる (＝不意を襲われる)" という常套句が生まれた状況だ」

さらに、where S + V が in the place where S + V (S が V する場所で) のすべてを担うケースもある。文意に応じて in を at や on に置き換える必要はある。これは there と置き換えられるので関係副詞の一種と言える：

Where there is a will there is a way.
「意志のあるところには道が開ける」
Where there's a will there's hundreds of relatives.
「遺言のあるところには大勢の親戚が集まる」

Pet a dog where he can't scratch and he'll always be your friend.
「犬が自分では掻けない場所を撫でてあげなさい。なついてきますよ」
"We have been together many years. Where you go, I go." They were last seen sitting together as a huge wave passed over them.
「"長い間、一緒に暮らしてきたわね。あなたが行くところは私も行きますよ" と言っていました。二人は (タイタニックの甲板で) 座っていました。大波が打ち寄せて彼らをさらっていったのが最後に見た姿です」

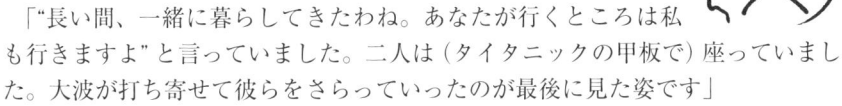

context から察すると、where ＝ wherever と考えるべき。どうでもいいことだが、to the place where と考えるなら関係副詞の一種、wherever と考えるなら単なる副詞節と分類できる。

19 関係副詞 when

> ★We are in an age [when : where] people are afraid of their own children. —— Mayo Bartlett on TV interview 2013
> （米国弁護士。TV インタビューに応えて）
> 「親が自分の子どもを恐れるような時代に我々は生きている」

正解　どちらも可

ただし、原文では where。

先行詞が「時」を表すからといって、関係副詞は必ずしも when ではない。「時」を「点」と捉えれば when、「平面」と捉えれば where、あるいは気まぐれで繋ぐ場合もある。

例えば、scene は通常 where で繋ぐが、when とすることもある。次の例は関係副詞の when なのか副詞節の when なのか判別できない典型的な悪文：

> The woman leaves the scene when he enters the room.
> 「彼が部屋に入って来るシーンで女は去る」（関係副詞の場合）
> 「彼が部屋に入って来ると、女はその場を去る」（副詞節の場合）

次の例は先行詞が time で、最も普通に when が続くケース：

Your body is the weakest during 3–4 am. This is the time when most people die in their sleep.

「人の身体は午前 3〜4 時の間が最も弱い。睡眠中に死亡する人のほとんどはこの時間帯だ」

次の例は特定された「日」で、when が使われる典型的な例：

Kenjiro Takayanagi succeeded in displaying the Japanese character "イ" on a Braun tube on December 25, 1926. This was also the day when Emperor Taisho passed away.

「高柳健次郎は 1926 年（大正 15 年）12 月 25 日、ブラウン管上に "イ" の文字を再現することに成功した。この日は大正天皇が崩御された日でもあった」

April 11, 1954 was the day when nothing happened. No major events were recorded. It was the most boring day in history all over the world ... until people noticed it.

「1954（昭和 29）年 4 月 11 日は何事も起こらなかった日だ。大きな出来事や事件が全く記録されていなかった。この日は全世界の全歴史を通して最も退屈な日となった…人々がそのことに気づくまでは」

第6章　文の中の小さな文

20 関係副詞　省略構造

> *Ieyasu Tokugawa died in 1616. Incidentally, that's the same year [＊ : when] William Shakespeare died in England.
> 「徳川家康は1616年死去した。偶然にも、この同じ年、シェークスピアが英国で死去している」

正解　どちらも可

既に「時」を表す先行詞 year があるので、when は省略しても可。

関係副詞（where, when, why, how）は、「場所、時、理由、方法」のそれぞれを既に表す先行詞がある場合、省略されることがある:

The reason women have more than one baby is … that they forgot what it was like to have the first one.
「なぜ女性は何度も出産を繰り返すのか…それは最初の出産がどれほどだったかったかを忘れてしまうから」

We'll love you just **the way** you are if you're perfect.
——Alanis Morissette（カナダ人歌手）
「あなたが完璧な人なら、そのままのあなたを愛せる」
the way (that) S + V は「SがVするそのやり方［あり方］」と直訳される。

逆に、先行詞が time や place や reason の場合、関係副詞のみで済ますことがある:

Tragedy is **when** I cut my finger. Comedy is **when** you fall into an open sewer and die.　——Mel Brooks（米国映画監督）
　　　　　　　＊Tragedy is (the time) when … Comedy is (the time) when …
「悲劇とは指を怪我したときで、喜劇とは蓋のない下水に落ちて死ぬとき」

Opera is **when** a guy gets stabbed in the back and, instead of bleeding, he sings.　——Robert Benchley（米国ユーモア・コラムニスト）
　　　　　　　　　　　　　　　＊Opera is (the occasion) when …
「オペラというのは、男が背中をナイフで刺されても、血が出るんじゃなく、唐突に彼が歌い出すんだ」

Light travels faster than sound. This is **why** some people appear bright until you hear them speak.
　　　　　　　＊This is (the reason) why S + V: これがSがVする理由だ
「光は音よりも速く移動する。だから、人は喋る前は賢く見えるのかもしれない」

123

21 関係副詞に代わる '前置詞+which'

> *Q: What do a typhoon, a tornado, a fire and a divorce have in common?
> A: They are four ways [＊：in which] you can lose your house.
> Q: 台風、竜巻、火事、離婚に共通しているものはな〜んだ？
> A: それは家を失う4つの方法さ。

正解 **どちらも可**

「方法」を表す関係副詞 how は in which で置き換えが可能。元々「—する方法、やり方」は in the way S+V で表現するので、この in を引き継ぐ。

この種の構文で最も多様なのは「理由」の the reason に絡む関係詞節。「そういう訳で彼は来なかったのだ」に対し以下の5とおりの語順が可能：

---
① That's the reason why he didn't come.
② That's the reason for which he didn't come.
③ That's the reason that he didn't come.
④⑤ That's the reason why [the reason why] he didn't come.

「場所」を表す関係副詞 where が in which に置き換えられる一般的なケース：

Marriage is the only war in which you sleep with the enemy.
「結婚は敵と寝床を共にする唯一の戦争である」

The "*Sea of Japan* Naval Battle" was the first naval battle in which wireless telegraphy played a critically important role.
「（日露戦争中における）日本海海戦は、無線通信が決定的に重要な役割を果たした最初の海戦であった」

「時・場所」の前置詞が in よりも at がふさわしければ at which にする：

A meeting is an event at which the minutes are kept and the hours are lost.
「会合とは、1、2分を惜しんで、結局、1、2時間を無駄にする場だ」

The point at which we become stuck is the point at which we start learning.
「行き詰った地点こそ、真の学習がスタートする地点だ」

22 関係詞 that の変則的用法

《**United States Army slogan**》
Be all [that : what] you can be.
《米国陸軍スローガン》すべてを出し切れ。

正解 that

敢えて言うなら be の補語 all につける関係詞。
関係代名詞 that は主語と目的語に適用するが、時に、補語につけることもある：

All that you are you owe to your parents. Why don't you send them a penny and square the account?　　*owe A to B（A は B のお陰）の A が文頭に出ている。
「今日あるおまえの全人格は両親のお陰と思え。彼らに1円送金して、借金を清算しろ」　　（*おまえはその程度の人間だという皮肉）

さらに、この that が省略されたと思われる構文も多用される：

The American people are tired of liars and people who pretend to be something * they're not.　　—— Hillary Clinton
「アメリカ人は飽きている、嘘をつく人とか、自分ではない自分を演じているような人に」　　——ヒラリー・クリントン

that は関係副詞の代わりに用いられることもある（前項 the reason that も参照）：

Mark Twain (1835–1910) was born on November 20, 1835, the night that Haley's Comet appeared. In 1909, he predicted that he would die on the day of the Comet's next appearance.
「マーク・トウェイン（1835–1910）は 1835年11月20日の夜、ハレー彗星が現れたとき生まれた。1909年、彼は次にハレー彗星が現れる日に死ぬと予告していた」

When a widespread power failure blacked out southern California in 1990's, Los Angeles residents called 911 to report they had seen strange clouds hovering overhead. This was the first time that they saw the Milky Way.
「1990年代、大規模停電が南カリフォルニアで発生したとき、多くのロスアンゼルス市民は 911 に電話して、頭上を舞う奇妙な雲を見たと報告した。これは彼らが（真っ暗闇の中に置かれたため）初めて見た銀河であった」

23 代名詞 one

★A successful man is [one : he] who makes more money than his wife can spend. A successful woman is [one : she] who can find such a man. —— Lana Turner（米国女優）
「成功する男は妻が浪費する以上の金を稼ぐような男。成功する女はそういう男を探すことができるような女」

正解　どちらも one

one は不特定の代名詞で、各々 a man と a woman の代わり。
George Bernard Shaw: **Here are two tickets for you for the opening of my play. Come and bring a friend — if you have one.**
Winston Churchill: **Impossible to be present for the first performance. I'll attend the second — if there is one.**

ジョージ・バーナード・ショー：初演の切符を 2 枚用意しておきました。お友達もお連れになってください——いればの話ですが。
ウィンストン・チャーチル：初回にはお伺いできません。2 回目に参ります——あればの話ですが。

insult

*George Bernard Shaw：英国劇作家。

それぞれの one は a friend と a performance の代理。

Q: **Are the batteries in Japan different than the ones in America?**
A: **In general, they are the same, but called different names.** *Tan* **1 is D,** *Tan* **2 is 2,** *Tan* **3 is AA. And** *Tan* **4 would be AAA. I've used them interchangeably.**　《*Yahooanswers USA*》
Q：日本の電池はアメリカのと違うの？　　*different than ～ は口語。
A：基本的に同じ。呼び方が違うだけ。単 1 は D、単 2 は 2、単 3 は AA、単 4 は AAA。互換性があるから僕は混ぜて使ってた。

限定された複数なので ones には the が必要。次の one は「1つ、1個」：
In 1953, a local advertising agency gave Baskin-Robbins 31 ice cream the idea to advertise 31 flavors, one for each day of the month.
「1953 年、地元の広告代理店はバスキン・ロビンスの 31 アイスクリームに 1 日 1 種類で毎月 31 種類の味覚を宣伝するアイディアを授けた」

第6章　文の中の小さな文

24 one と another, the other

> ✸There's an opera house on the US-Canada border where the stage is in one country and half the audience is in [another : the other].
> 「米国とカナダ国境には両国にまたがるオペラハウスがあって、ステージがいっぽうの国に、客席の半分がもういっぽうの国にある」

正解　どちらも可

ただし、原文では another。通常は、2つのうち、任意の1つを one とすると、残りの1つは限定されるので定冠詞がついて the other（他の1つ）となる。しかし、厳密に守られている規則ではない。

Almonds are one of only two nuts mentioned in the Bible (Genesis 43:11); the other is the pistachio nut.
「アーモンドは聖書（『創世記』43:11）の中で言及されている2つのナッツのうちの1つだが、もう1つはピスタチオだ」

Two fleas are coming out of a bar when one asks the other "Do we take a dog or do we walk home?"
「2匹の蚤が酒場から出てきた。1匹が別の1匹にたずねた"犬に乗って帰る？　それとも歩いて帰る？"」

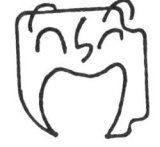

2つのうち最初の1つを one とし、残りの1つを the second で表すこともある:

Frank Baum named *Oz* after a file cabinet in his office. One cabinet was labeled "A to N," and the second was labeled "O to Z."
「フランク・ボーム（『オズの魔法使い』の著者）は Oz という題名を、事務所にある書類整理箱を参考につけた。その内1つの箱は"（頭文字）A～N"で、もう1つの箱は"O～Z"とラベルが貼ってあった」

いつも one と another、あるいは the other の対立とは限らない。「2」の概念のあるところなら、同様の相関語句は発生する:

Between two evils, I always pick the one I never tried before.
—— Mae West（米国女優）
「2つの不幸がある場合、私は常に以前経験したことのないほうを選ぶ」

25 some, other(s) その他

> ★Some people give and forgive, [others : the others] get and forget.
> 「人に与え、人を許す者もいれば、人からもらい、それを忘れる者もいる」

正解 others

不特定の対象を大雑把にとらえるときは some と some [others]。
以下 2 例は some の形容詞バージョン。others は上例と同様、other people を示す：

Some truths are unbearable and **some** lies are heart-warming.
「耐えられない真実もあるし、心温まる嘘もある」

Casu marzu cheese contains live maggots. The maggots can jump up to five inches out of cheese while you're eating it. **Some** people clear the maggots from the cheese before eating while **others** do not.
*maggot: ウジ虫 BLACK

「Casu marzu チーズには生きたウジ虫が入っている。食べている最中に、ウジ虫が 5 インチくらい飛び跳ねることもある。食べる前にウジ虫を払いのける人もいるが、そのまま食べる人もいる」

I have six locks on my door all in a row. When I go out, I lock **every other one**. I figure no matter how long somebody stands there picking the locks, they are always locking three.
—— Elayne Boosler（米国女性コメディアン）

「私の家のドアには鍵が 6 個一列に並んでいる。外出するときは 1 個おきに施錠する。そうすると、誰かがどんなに長い時間そこで鍵を開けようと努力しても、必ず（6 個のうち）3 個を施錠してしまう仕組みになっている」

every other one は「1つおきに」、every other day は「1日おきに」を表す慣用句。

In 2007, a Bosnian couple found out that they had been cheating on **one another** in online chat rooms ... with **each other**.

「2007 年ボスニアの夫婦は互いに相手を欺いて浮気していたことに気がついたが、それはオンラインのチャットルームで互いに'浮気相手'とお喋りしているときであった」

26 that, those

> ★The grief suffered after a pet dog dies can be the same as [one : that] experienced after the death of a person.
> 「ペットの犬が死んで感じる悲しみが、人が死んで経験する悲しみと変わらないこともある」

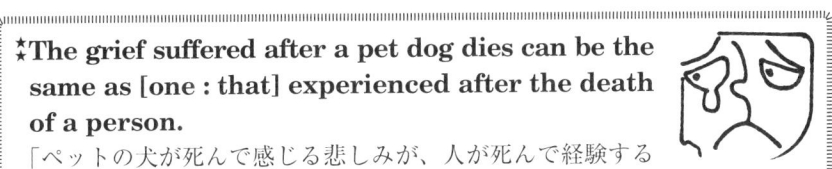

正解 that

この that は限定された the grief の代名詞。不特定の one は適さない。ただし、定冠詞をつけて the one で受けるのは可。

In 2009, DNA tests revealed that the skull fragment long thought to have been Hitler's is that of an unknown woman.

*that = the skull fragment

「2009 年、DNA 検査の結果、長い間、ヒットラーのものと信じられていた頭蓋骨の断片は未知の女性のものであることが判明した」(→ p. 144 無生物主語構文)

The radiation left over from the Big Bang is the same as that in your microwave oven but very much less powerful.

「ビッグバンの後、残留した放射能は家庭の電子レンジの中にあるそれと同じだが、威力ははるかに小さい」

特定の名詞の反復代名詞は複数の場合は that の複数形 those になる。that の場合と同様、前置詞句や関係詞節によって限定されることが多い:

Sometimes the people we have known for a short amount of time have the biggest impact on our lives, even more than those we have known forever.

「ほんの短期間しか知り合いでなかった人が、ずっと知り合いである人よりも、強烈な影響を生涯にわたって我々に与えることがある」

上例の those は既出の複数名詞 the people の反復。以下の例は同じ複数形の「人」ではあるが、本質的に異なるので要注意。既出の代名詞 that は「物」のみだが、those は単独で the people の代わりに現れることがある。those who … の形で最も頻出する:

Those who snore always fall asleep first. —— anonymous
「いびきをかく人がいつも最初に眠りにつく」 ——読み人知らず

第 7 章
特殊な構造の文

　節・関係詞とやってきた流れを考慮すると、ここで扱うのが最も合理的と思われる。おおむね、以下の4つの領域について解説していくが、それぞれが完全に独立したものではない。例えば、否定構文の一部は明らかに倒置構造（疑問文の語順）をとるので、重複する。また、否定語を文頭に出すとその後は倒置構造に変わるが、文頭に出すこと自体が既に「強調」である。It was not until ... that は有名な構文であるが、It was ... that の構造に注目すると「強調」で、not until ... の意味を重視すると「否定」に分類してもいい。よって、ここで「強調構文」と呼ぶ場合は、便宜的に、主に It is ... that / who という構造を指すことにする。また、否定構文と倒置構文はほとんど分けないで解説を連続させていく。

1　強調構文
2　否定構文
3　倒置構文
4　省略、無生物構文

1 強調構文(1/2) 副詞句を強調

> ✲It was in the cartoon *The Pointer* [that : where] Mickey Mouse first had pupils in his eyes.
> 　　　　　　*pupil: 瞳（漫画の塗りつぶした黒目の中央にある白丸）
> 「ミッキーマウスの目に初めて '瞳' がついたのは漫画 The Pointer の中であった」

正解　that

Mickey Mouse first had pupils in his eyes <u>in the cartoon *The Pointer*</u>. の下線部（副詞句＊下の③の用法）を強調した構造。ただし、次の例のように、カンマを入れて継続用法にすれば、where は可能：

It was in the cartoon *The Pointer*, **where** Mickey Mouse first had pupils in his eyes.
「それは漫画 The Pointer の中でのことで、そこでミッキーマウスに初めて瞳がついた」

強調構文は3つの要素を強調する。S＋V＋O in P において：
① It was in P that S＋V＋O.　　SがOをVするのはPの中だった。
② It was S that＋V＋O in P.　　Pの中でOをVするのはSだった。
③ It was O that S＋V in P.　　SがPの中でVするのはOだった。

It was 2.20 am April 15th 1912, on her maiden voyage **that** a mighty steamship slipped beneath the Atlantic Ocean.　①
「超豪華客船（タイタニック）が大西洋に滑り込むように沈んだのは、1912年4月15日午前2時20分、その処女航海中であった」

It was not until ... that ～ は元々は「時」の副詞句を強調する強調構文で、頻繁に用いられる：

The first aluminum can was introduced by Royal Crown Cola in 1964. **It wasn't until** 3 years later **that** Coke started using the aluminum can.　①
「最初のアルミ缶は1964年ロイヤルクラウン・コーラによって市場にお目見えした。コカコーラがアルミ缶を使い始めたのは、それより3年も後だった」

疑問文の副詞的要素を強調する構文もあり、Why is it that ...? の語順をとる：

Why is it that skinny men like fat women? Because they need warmth in winter and shade in summer.　①
「痩せた男がデブな女を好きなのはなぜ？ 冬は暖かいし、夏は日陰を作ってくれるから」

2 強調構文(2/2) 主語、目的語を強調

*It's not the fall [that : who] kills you; it's the sudden stop at the end.

「あなたを殺すのは落下ではない。最後に落下を急停止させることである」

BLACK

正解 that

kills you の主語であるが、人ではなく「落下」という抽象概念。
強調構文 It is ... that の強調部に主語(②)と目的語(③)が来るケースを扱う:

You know, it's cigarettes that killed Jerry Garcia. Everyone thinks it's heroin, but it wasn't. It was cigarettes. ②
—— John Mellencamp（米国シンガーソングライター）
「Jerry Garcia を殺したのはタバコだよ。みんなヘロインだと思っているけど、違うよ。タバコだよ」　　　　　　　*Jerry Garcia: 米国ギタリスト。

It was France not Germany that first used gas against enemy troops in WWI. In August 1914, they fired the first tear gas grenades against the Germans. ②
「第一次世界大戦でガス兵器を最初に使用したのはドイツ軍ではなくフランス軍であった。1914年8月ドイツ軍に向け最初の催涙ガス球弾を発射した」
　疑問文の名詞要素を強調する構文もあり、What [Who] is it that ...? の語順をとる:

Q: **What was it that** Cinderella left behind at the ball? ③
A: It was a glass slipper.
Q: シンデレラが舞踏会で置いてきてしまったのは何？
A: ガラスのスリッパ。　　　　　　*slipper:（舞踏用の）かかとのない上靴。

強調部が「人」の主語の場合、who で代えることもある:
It was a bold man who first ate an oyster. —— Jonathan Swift ②
「最初に牡蠣を食べた人は勇気があった」
　　　　　　　　　　　——ジョナサン・スウィフト（アイルランドの作家）
強調部が目的語の場合、文法的には whom が正しいが、who でも通用する。
It was Hannibal whom [who] Scipio had overwhelmed in the second Punic War. ③
「第二次ポエニ戦争でスキピオが破ったのはハンニバルであった」

133

3 「場所」の副詞句＋倒置

> ☆Under no circumstances [may two men : two men may] share an umbrella.
> 「いかなる状況下でも2人の男が1つの傘をさしてはならぬ」

正解　may two men が理想

　under no circumstances は「いくら何でも(それはないよ)」を意味する慣用表現。これに続く語順は倒置が理想的。後者も間違いとは言えない。

　I desire to go to Hell, not to Heaven. In Hell I shall enjoy the company of popes, kings and princes, but in Heaven are there only beggars, monks, hermits and apostles.
　　　　　　　　　　　　　　　　　　　—— Niccolo Machiavelli
「私は天国じゃなくて地獄へ行きたい。地獄なら、ローマ法王、王や女王とお付き合いできるが、天国は乞食とか僧、隠遁者、キリスト教伝道者しかいない」
　　　　　——マキャヴェリ(イタリア、ルネサンス期の政治思想家。著書に『君主論』)

　My house was a foreclosure that I purchased. On the stair railing was written in a child's handwriting "I hate the banks. They took away our house". I almost cried.　　　*foreclosure：抵当物受け戻し権喪失
「私の家は自分で購入したが、借金の形に売却された物件だった。その家の階段の手すりに"銀行なんて大嫌いだ。ボクたちの家を取りやがって"と子どもの字で書かれていた。私は泣きそうになった」

　We're born alone, we live alone, we die alone. Only through our love and friendship can we create the illusion for the moment that we're not alone.　　　—— Orson Welles (米国俳優)
「我々は独りで生まれ、生き、死んでゆく。わずかに愛と友情を通して他人と関わっていると錯覚しているにすぎない」

　In March 1863, the government passed a law drafting men into the army. But a man could avoid the draft by paying $300 to hire someone to take his place. Among those in the Union who hired substitutes was Abraham Lincoln.
「1863年3月、(北部連合)政府は徴兵制を認める法案を通過させた。しかし、300ドルを払えば代理人を雇って徴兵を忌避することができた。北部連合で代理人を雇った者の中にエイブラハム・リンカーンもいた」

4 so/as や比較構文＋倒置

> ★They say marriages are made in Heaven. But [so is : is so] thunder and lightning. —— Clint Eastwood（米国映画俳優、監督）
> 「"縁組みは天国で作られる"と言われるが、雷鳴と稲妻だって天で作られることを忘れないで」

正解 so is

主に音韻上、あるいは構造上の事情から、so を文頭に出すと、その後が倒置する。So is + S. の語順は S is so.（S もそうだ）を入れ替えたもの。

The popularization of the drive-thru led car manufacturers in the 1990s to install cup holders in the dashboards. As fast food drinks became larger, so did the cup holders.
「ドライブ・スルーの普及に伴い自動車メーカーは1990年代、ダッシュボードにカップ・ホルダーを設置するようになった。ファーストフードのドリンクが大きくなると、カップ・ホルダーも同じく大きくなった」

《A woman went to the bar.》　　　　　《女がバーに入って行った》
Bartender: **How did you get that black eye?**　　B: 目に黒アザつけて、どうしたの？
Woman: **From my husband.**　　W: 夫に殴られたの。
Bartender: **But I thought he was in jail.**　　B: 旦那は刑務所だと思っていたが。
Woman: **So did I!**　　W: 私もそう思ってたの。

As is the mother, so is her daughter.
「母親のように、その娘もまた（この母にして、この娘あり）」　　——聖書

以下の構造は、比較構文中で強調部を文頭に出した倒置：
When a German fisherman saw an old bottle floating in the Baltic Sea, he couldn't predict that it was more than a century old. Even greater was his surprise when he found a message in the bottle, dated 1913.
「あるドイツ人漁師がバルト海で古びたビンが浮いているのを発見したとき、それが100年以上も前のものとは予想できなかった。さらに驚いたのは、その中に1913年付けの手紙が入っていたことだった」

5 否定構文(1/5) no, none や not ... ever

> ★[No : Any] country has ever lost its first league match and won the World Cup.
> 「ワールドカップで一次リーグの試合で負けて、最後に優勝した国はない」

正解 No

No ... ever で never 相当になり、この上ない「強い否定」を表す。

It was the fashion in Renaissance Florence to shave their eyebrows off, and so the Mona Lisa has none.
「イタリア・ルネサンスの中心地フィレンツェでは眉を剃り落とすのがファッションだったので、モナ・リサには眉がない」

No species of wild plant produces a flower or blossom that is absolutely black, and so far, none has been developed artificially.
「真っ黒な花をつける野生の植物はないし、今現在、人工的に生成されたこともない」

It is by the goodness of God that in our country we have those three precious things: freedom of speech, freedom of conscience, and the prudence to never practice either of them.
—— Mark Twain (about America) *It is ... that は強調構文
「この国に、3つの貴重な理念があるのは神の寛容によるものだ：言論の自由、信教の自由、そのいずれも行使しない分別」
——マーク・トウェイン (アメリカについて)

to never practice は never to practice が正用法だが、口語では現代でも使われる。

次の2例は「1個」を否定することにより、「強い否定」を表すケース：

A father Emperor penguin withstands the Antarctic cold for 60 days to protect his eggs. During this time he doesn't eat a thing and loses 40% of his body weight.
「皇帝ペンギンの父親は卵を守るため60日間、北極の寒さに耐える。この期間、彼は一かけらの食物も口にしないので、体重が40%も減る」

My wife was complaining about me never lifting a finger in the house. So I did ... the middle one.
「妻は私が家では指1本上げない［全く家事を手伝わない］と不満をこぼしていた。だから、上げてやったんだ…中指を」

insult

136

第7章 特殊な構造の文

6 否定構文(2/5) 否定の慣用表現(1)

> ★I am not the [most : least] afraid to die. —— Charles Darwin
> 　　　　　　　　　　　　　　　　　　　　　*afraid to do: 怖くて―できない
> 「死なんてちっとも怖くない」　　　　　　　　　　　　　――チャールズ・ダーウィン

正解 **least**
　not (in) the least は「少しも…でない」という強い否定を表す熟語。「最小においても…でない」ということ。その他、not … at all や no(t) … what(so)ever もほぼ同意:

When you talk to him, he looks at you and grins and grins and nods and nods and appears to be the world's best listener, until you realize he is not listening at all.
　　　　　　　　　　　　　　　—— Larry L. King (about Willie Nelson)
「あなたが彼に話しかけると、彼はあなたを見つめ、にっこり笑う。またにっこり笑い、うなずく。またうなずいて、まるで世界一あなたの話に聞き入る人のように見える。だが、やがてあなたは気がつく。彼はまったく話を聞いていないのだ、と」　　　　　　　　　　　　　　　――ラリー・L・キング（米国劇作家）
　　　　　　　　　(Willie Nelson（米国シンガーソングライター）について)

This is one race of people for whom psychoanalysis is of no use whatsoever.　　—— Sigmund Freud (about the Irish)　　*of use = useful
「アイルランド人は、精神分析療法がまったく役に立たない民族だ」
　　　　　　――（精神分析医）ジークムント・フロイト（アイルランド人について）
　nothing but + 名 は否定語を用いた熟語だが、「名以外は無」と直訳できるので、結局、この上ない「強い肯定」になる:

> **Nothing, but death.**　　—— Jane Austen, July 18, 1817
> (When asked by her sister if there was anything she wanted.)
> 「死以外はなにも」――ジェーン・オースティン、1817年7月18日、
> 　　　　　　　（妹に "何か欲しいものは?" とたずねられて）
> last words

　nothing but と正反対の構造が anything but + 名 で、「名以外なら何でも可 → 何が何でも名はだめ」ということ。結局、否定語を含まない anything but が「強い否定」を意味することになる。

7 否定構文(3/5) 否定の慣用表現(2)

> *The color of a chili is no indication of its spiciness, [but : nor] size usually is.
> 「唐辛子の色は辛さを象徴するものではない。大きさは辛さを象徴する」

正解 but

no(t) A but B は「A ではなく B だ」と容易に解することができる。
この構文はあらゆる状況でさまざまな形態で使われるので、応用力が必要。

High speed cameras have revealed that rain drops are not tear-shaped but rather look like hamburger buns.
「高速カメラで撮影すると、雨の滴は涙のような形状ではなく、どちらかと言うとハンバーガーのバンのような形をしているとわかる」

A と B の要素はいつも名詞とは限らない。文中でさまざまな要素と結びつく:

Don't judge each day by the harvest you reap but by the seeds that you plant.
「収穫の量でその日を判定してはならぬ。どれだけ種を捲いたかで判定せよ」

The trouble with her is that she lacks the power of conversation but not the power of speech.
—— George Bernard Shaw (英国劇作家)
「彼女の難点は、喋る能力はあるんだが、対話をする能力に欠けていることだ」

上例は B but not A で「B が欠けているのだ。でも A は欠けていない」と直訳できる。

no(t) A but B の語順が逆になった B not A や not only A but also B (A ばかりでなく B も) もよく使われる:

- ➡ Dad I have good news.
- ↩ You got an A on your science test!?
- ➡ I said good news, **not** a miracle.
- ➡「パパ、いい知らせがあるの」
- ↩「理科の試験で A をとったのか!?」
- ➡「"いい知らせ"って言ったの。"奇跡"とは言ってないわ」

Lamborghini produces not only supercars but also tractors.
「ランボルギーニはスーパーカーだけでなくトラクターも製造している」

8 否定構文(4/5) 部分否定、二重否定

> **Q: Are these expressions right?**
> "このは野菜です。あのも野菜です"
> **A: Both are not correct at all. These are correct sentences for those.**
> "これは野菜です。あれも野菜です"
>
> 《yahooanswersUSA》
>
> Q: 次の表現は正しいですか？ "このは野菜です。あのも野菜です。"
> A: [①どっちも完璧に間違い：②どっちも正しいというわけではない]。正しくは "これは野菜です。あれも野菜です。" だ。

正解 ①

Both are not を昔は「部分否定」ととらえ、「両方とも正しいわけではない」と解釈した。しかし、現代では「両方とも正しくない」で済ますことが多い。

「部分否定」とか「二重否定」は現代英語では、玉虫色の文法領域で危険、とみなされている。次例は本来なら、you didn't see anything を期待するところ：

If a man's zipper is down, that's his problem ... you didn't see nothing.
「男の(ズボンの)ファスナーが下がっていたとしても、それは彼の問題だ。あなたは何も見ていない」

neither A nor B も最近は or でつなげることが多い：
Eskimo ice cream is neither icy, or creamy.
「エスキモー・アイスクリームはアイスでもないしクリームでもない」

以下2例は本来の二重否定と「否定＋否定相当語＝強い肯定」：
Nowadays never be surprised of anything, because nothing is not-surprising these days!
「最近は、何があっても驚かない。だって、驚かないようなことがないから」

I've just learned about his illness. Let's hope it's nothing trivial.
—— Irvin S. Cobb (米国作家)
「たった今、彼が病気であることを知った。決して軽微な病でないことを祈ろう」

BLACK

9 否定構文(5/5) 準否定語

> ***FOR SALE**
> One Pair, [hard : hardly] used dentures
> Only 1 tooth missing, \$100.00 Call 123–456
> 　　　　　　　　　　　　　　　　　*denture: 総入れ歯
> 「売ります：総入れ歯上下 1 組、ほとんど未使用
> 歯 1 本欠損。100 ドル。電話 123–456」

正解 hardly

「ほとんど…ない」だから、準否定語の代表 hardly が正解。

否定語 (n- で始まる no(t), never, nor, neither, none) に準ずる否定語 hardly (ほとんど…ない) や seldom (滅多に…ない) を取り上げる:

A: **You've hardly got anything positive about you.**
B: **Yes, my drug test is always positive.**
A: おまえにはポジティブなところがほとんどない。
B: いや、薬物テストはいつもポジティブ (陽性) だよ。

A barking dog seldom bites.　「吠える犬は滅多に噛まない」
A seldom-barking dog is sick.　「滅多に吠えない犬は病気」

You rarely get what you want after marriage and elections.
「結婚と選挙の後は望んでいたものは滅多に手に入らない」

Few Japanese know *Denny's* restaurant chain started out as *Danny's Donuts* in 1953.
「ほとんどの日本人は Denny's レストランが 1953 年 Danny's ドーナツとして出発したことを知らない」

Why does it take so little time for a child who is afraid of the dark to become a teenager who wants to stay out all night?
「あれほど暗闇を恐れていた子がどうしてこんなにもすぐに夜遊びの好きなティーンエイジャーになれるのか？」

It take + 時 for + 人 to become + C (人が C になるのに○時間かかる) の time が little time になっているので、「…ほとんど時間がかからない」と訳出できる。

10 否定語＋倒置

★The Danish-sounding "Häagen-Dazs" is not Danish, [does not : nor does] it have any meaning in any language or etymology.
「デンマーク語のような響きがある"ハーゲン・ダッツ"はデンマーク語ではないし、いかなる言語、語源においてもまったく意味をなさない」

正解 nor does

否定語の倒置は nor does ... や neither is ... の語順になる。
次は not A, neither B の対比で、「A ではなく B でもない」を表す:

Missing Children Europe has a service that let webmasters replace their 404 error page by a special page that puts the picture of a missing kid. It's accompanied by the text "PAGE NOT FOUND, **NEITHER IS THIS KID**"　　　*replace A by B: A を B に置き換える
「*Missing Children Europe* は、ウェブサイト管理者に 404 エラー頁を行方不明の子の写真を掲示する特別な頁に置き換えるよう働きかけた。そこには"お探しの頁は見つかりません、この子も見つかりません"という文言が添えられている」

Thomas Edison did not invent the light bulb, **nor did** he invent many things attributed to him. He only stole and improved others' inventions.　　　*attribute A to him: A は彼の作品であるとする
「エジソンは電球も発明していないし、彼の発明品と言われる多くの物も発明していない。他人の発明を盗んだり、改良しただけだ」

Q: I've heard of stories and articles about *chikans*, and I felt that it's not safe place in there.
A: I lived there for a year and was never groped, **nor did** I know anyone who was.
《*YahooanswersUSA*》
Q: 痴漢についての話や記事を耳にしたんだけど、向う（日本）は安全じゃないみたい。
A: 私は日本に 1 年間住んでいたけど、体をまさぐられたこともないし、された人も知らないわ。

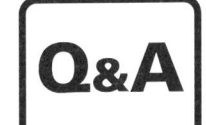

11 準否定語＋倒置

> ★Rarely [do great beauty and great virtue dwell : great beauty and great virtue don't dwell] together. —— Petrarch
> 「超絶の美しさと超絶の人徳は滅多に一人の中に同居しない」
> ——ペトラルカ（イタリアの詩人、人文学者）

正解　do great beauty and great virtue dwell
rarely を文頭に置いて、その後、倒置する。
準否定語も否定語と同じ語順で倒置する：
Little did I know then that I would be tied to that role the rest of my life. —— Kiyoshi Atsumi
「生涯あの役に縛られるとは当時、ほとんど予期しなかった」

以下の3例は解説の都合上、①〜③まで番号で分けた：
① The auto service technicians completed all the repairs to my VW Polo. But hardly had I got her back when I heard a very soft and occasional "ting, ting, ting" coming from the right front wheel.
「自動車修理工が私のフォルクスワーゲン・ポロの全修理を完了した。しかし、車が戻って来てすぐ、右前輪からチン、チンというかなり小さな音が時おり聞こえてきた」
Hardly ... when 〜 は重要構文で、「…するかしないかというタイミングで〜した」と訳せる。時制は「hardly＋過去完了 when＋過去」が正しい。

①とほぼ同義で使われるのが次の否定構文②：
② **No sooner** said **than** done. (= **No sooner** (had it been) said **than** (it was) done)
「言うやいなや実行した」
①と②を混同した構文（以下例③）が現実には通用している：
③ In 1943, he entered the navy as the fourteenth navy preliminary student due to student mobilization. Hardly had the young men started training than they were sent into the battle.
「学徒動員令により彼は第14期海軍予備学生として海軍に入隊した。若者たちはまともに訓練を受けられないまま、すぐ戦地へと送り込まれた」

142

12 重複による省略

> ★All of us light up a room, [any : some] when they enter, others when they leave.
> 「我々は皆、部屋の明かりをつける。ある者は部屋に入るとき、またある者は部屋を出るとき」

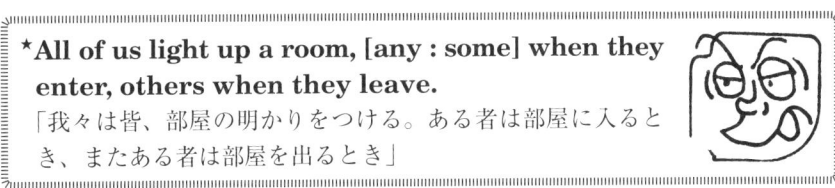

正解 some

some と others の対比構造。次の 2 例は反復を避けるための代動詞 did：

Teacher: **Ken, can you find me America on the map?**　教師：Ken、地図の上でアメリカを指差してくれる？
Ken: **There it is.**　Ken：そこにあるよ。
Teacher: **Now, who discovered America?**　教師：では、アメリカを発見したのは誰？
Ken: **I did!**　生徒：僕が見つけた！

It cost more to build the ship in *Titanic* than it did to build the actual ship.　*did = cost
「映画『タイタニック』の（撮影用）船を建造する経費のほうが、本物のタイタニックを建造する経費より高かった」

A woman's mind is cleaner than a man's: She changes it more often.　── Oliver Herford（米国作家）
　　　　　　　　　*man's (mind)　more often (than a man does)
「女の心は男の心よりきれい。女はしょっちゅう心を取り換えるから」

It's funny. All you have to do is say something nobody understands and they'll do practically anything you want them to.
── J. D. Salinger（米国作家 *The Catcher in the Rye*『ライ麦畑でつかまえて』の著者）　*they'll do = they'll understand　want them to (understand)　All you have to do is do：あなたがやらなければならないのは―することだけだ
「不思議だ。他人が理解できないようなことを言うだけでいいんだ。そうすると、彼らはほぼ私の望むとおりに理解してくれるんだ」

Keep your eyes wide open before marriage, half shut afterwards.　── Benjamin Franklin　*(keep your eyes) half shut
「結婚する前は目を大きく開けろ。結婚した後は目を半分閉じていろ」

13 無生物主語構文

★In 1867–68, the *Tokugawa* era [found : came to] an end in the *Meiji* Restoration. The emperor *Meiji* was moved from Kyoto to Tokyo which became the new capital.
「1867–68 年、徳川の時代は明治維新の到来の中でその終焉を迎えた。明治天皇は京都から東京へ移され、東京が首都になった」

正解 どちらも可

どちらでもいいが、前者は無生物の主語が、本来なら人間や動物がとる他動詞 find をとっているので、無生物構文に分類される。

次の例は一種の無生物構文であるが、この構文の厳密な定義づけは難しい:

A million words would not bring you back, I know because I've tried, neither would a million tears, I know I've cried.
*neither would a million tears = a million tears would not bring you back either
《fundootimes.com》

「千万言を弄してもあなたが戻って来ないことを私は知っている。なぜなら、もう試したから。百万回涙をこぼしてもあなたが戻って来ないことを私は知っている。なぜなら、もうやったから」

無生物主語構文は多くの場合、主語が「資料」や「研究」で、「資料によると～が判明する」とか「研究によると～であることがわかる」などと工夫するといい:

Alaska law states that you can't look at a moose from an airplane.
*state: 述べる
「アラスカの法律には"飛行機からヘラジカを見てはならない"という条文がある」

Department of Veterans Affairs records show that, as of January 2013, one daughter of a Civil War veteran was still receiving a pension from her father's service.
*as of ...: …の時点で
「(米国)退役軍人管理局の記録によると、2013 年 1 月の時点で、南北戦争に従軍した兵士の娘が父親の年金を受給していたことが判明した」

Men have lower rates of anxiety and depression than women. But research has also found men often do not admit or report effects of depression.
「男性は不安症やうつ病にかかる率が低い。しかし、調査の結果、男性はうつ病などの症状を認めたり報告したりしない傾向があることも判明している」

第8章
人や物を比べる文

　比較構文は他の領域とほとんど重なることがないので、最終部にもってきた。また、前項でやった「省略」や「重複」がこの構文でもたくさん現れる。He is taller than I. だけをとっても He is taller than I (am tall). だから、前項同様、「見えない要素」を補いつつ解釈する技能が要求される。だが、その範囲は他のどの領域より広い。おそらく、慣用的な構文では最も種類が多い。多すぎてどこから手をつけていいかわからないので、学校英語に従って3つに分けた。

1 比較級構文
2 最上級構文
3 原級構文（as＋原級＋as）

　言うまでもなく便宜的な区分であって、重複する要素や前後する解説なども少なくない。たとえば、「Aさんは誰よりも賢い」と「Aさんが最も賢い」と「賢さではAさんと肩を並べる人はいない」は基本的に同意なので、比較級と最上級と同等比較の3つの領域は、書き換えによって自由に行き来できることになる。ゆえに、比較構文では最上級を中心としたこうした書き換えが大きな課題となる。

1 形容詞比較級 + than

*An ostrich's eye is [bigger : more big] than its brain.
「ダチョウの眼球はその脳より大きい」

正解　**bigger**

big(大きい)は1音節語なので、比較級は語尾に -er。
最も基本的な比較級構文は「比較級 + than + 比較の対象」。

There is one thing on earth more terrible than English music, and that is English painting.
　　　　　　　　　　　　　　　—— Heinrich Heine
「英国の音楽よりひどいものがこの世に1つある…それは、英国の絵画だ」　　　　　　　　　　—— ハイネ

You use more calories eating celery than there are in the celery itself.
「セロリを食べるときに消費するカロリーのほうが、セロリ自体に含まれるカロリーより大きい」

They say that love is more important than money, but have you ever tried to pay your bills with a hug?
「愛は金より大切だと言うけれど、じゃ、お勘定をハグで支払ったことある？」

名詞の many や much の場合はそれ自体が比較級 more になる：
More than 2,200 artists have covered Beatles song *Yesterday*.
「2,200人以上のアーティストがビートルズの Yesterday をカバーしている」

次の例は、than が rather than になったケースだが、大きな意味の変化はない：
The side view of the Titanic clearly shows four funnels. While three of these released the steam from the boilers, the fourth was just for show. The designers thought the ship would look more impressive with four funnels rather than three.
　*funnel: 煙突　would look ... with four funnels は仮定法で「煙突が4本あったら…に見えるだろう」
「タイタニックを側面から見ると4本の煙突がはっきり見える。このうち、3本はボイラーからの煙を排気しているが、4本目の煙突はただの飾りだった。設計者は、3本より4本あったほうが見栄えがすると考えた」

2 副詞比較級＋than

> ★Nothing dries [sooner : faster] than tears.
> 「涙ほど早く乾くものはない」

正解 どちらも可

この文では sooner が定番だが、faster も可能。

A rat can last longer without water than a camel can.
「ネズミはラクダより長く水無しで生きていられる」

A ball of glass will bounce higher than a ball of rubber. A ball of solid steel will bounce higher than one made entirely of glass.

*one = a ball

「ガラスの球はゴム球より高くバウンドする。純鋼鉄製の球は純ガラス製の球より高くバウンドする」

> Q: Can a kangaroo jump **higher than** the Tokyo Sky Tree?
> A: Of course. The Tokyo Sky Tree can't jump.
> Q：カンガルーは東京スカイツリーより高くジャンプできる？
> A：もちろん。だって、東京スカイツリーはジャンプできないもん。

この笑い話は Tokyo Sky Tree を kangaroo に対応する主語と捉えて、… than the Tokyo Sky Tree can と補えば成立する。jump の目的語と捉えると、ツボがわからなくなる。

> Q: What's something of common knowledge you didn't realize until much **later than** normal?
> A: Women enjoy sex. I had to get divorced at 39 to discover this.
> Q：普通の人よりはるかに遅れて気がついた一般常識って何かある？
> A：女は sex を楽しむものである。39歳で離婚したとき、この事実を知った。

> 《Bathroom Notice for Gentlemen》
> Please Stand **Closer**
> It is shorter than you think.
> 《男性用トイレ掲示文》
> もっと（便器に）近づいて立って。
> 思っているほど長くないですよ

3 「差、強調」+ 比較級 + than

> ★According to U.S. statistics, if one partner smokes, a marriage is [75% more likely to end in divorce : more likely to end in divorce by 75%]. 《randomfacts.com》
> 「米国の統計によると、夫婦のいっぽうだけがタバコを吸う場合、離婚する確率が 75% 多くなる」

正解 どちらも可

「差」を表現する方法は 2 つあり、比較級の直前に置くか、文末に by +「差」をつける。しかし、その使用頻度は 19 対 1 で、後者はきわめて劣勢:

The inside of a cucumber can actually be <u>up to 20 degrees F cooler than</u> the outside temperature　　*F = Fahrenheit (華氏)
「キュウリの中は外気の温度より最大、華氏 20°低い」

Men's brains are <u>10% larger</u> and <u>11% heavier than</u> women's brains.
「男の脳は女の脳より 10% 大きく、11% 重い」

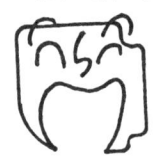

In an *Indiana Jones* film, Sean Connery plays Harrison Ford's father, even though he is <u>only 12 years older</u> in real life.
「『インディ・ジョーンズ』でショーン・コネリーはハリソン・フォードの父親役を演じているが、実際はわずか 12 歳年上なだけ」

比較級を強調して「はるかに (多い)」などを補う場合も、その直前に置く。最も多用されるのは much や even、あるいは much と同意の a lot:

> Q: Is it safe to order *sushi* and *sashimi* in Japan? I am scared of all the radiation?
> A: It is safe and <u>a lot safer than</u> eating *sushi* or anything in China. Also <u>a lot safer than</u> drinking tap water in the US ... check your news. 《YahooAnswersUSA》
> Q: 日本で寿司とか刺身を注文しても安全か？ 放射能が気がかりだ。
> A: 中国で寿司とか食品を食べるよりはるかに安全だぜ。それから、アメリカで水道水を飲むよりはるかに安全だぜ。ちゃんとニュースをチェックしろよ。

148

第8章 人や物を比べる文

4 比較の対象 (1/2)

> ★More people are allergic to cow's milk than any other [food: animal].
> 「いかなる食品に対してよりも牛乳にアレルギーがある人のほうが多い」

正解 food

この文意では比較の対象は「milk: 食品」なので、food が正解。
比較構文で最も難しいのは比較の対象を見極めること:

Lassie, the TV collie, was played by several male dogs, despite the female name, because male collies looked **better** on camera.
「TV番組『名犬ラッシー』のコリー犬は、雌犬の名前がついているにもかかわらず、何頭かの雄犬がその役を演じた。雄犬のほうが(雌犬より)テレビ映りがいいから」

… male collies looked **better** on camera (**than** female collies looked) と補って、male collies に対応する主語 female collies を補って考える。

Two Siberian Huskies, *Togo* and *Balto* played central roles in the sled-dog relay that brought serum to Nome, Alaska, during the 1925 diphtheria epidemic. *Togo* traveled with his team 417 km through minus 70 degree temperature to hand the serum off to the next dog *Balto*. Although *Balto* traveled only 84 km, he is **more** commonly remembered simply because he actually delivered the serum to the people in Nome.

　　*sled-dog relay: 犬ぞりのリレー　serum: 血清　diphtheria: ジフテリア
「シベリアン・ハスキーの Togo と Balto は、1925年、アラスカでジフテリアが大流行したとき、アラスカにある Nome に血清を届ける犬ぞりのリレーでリーダー役を果たした。Togo はチームとともに零下70°の氷原を次の Balto に血清を渡すため417km を走破した。Balto はわずか84km を走っただけだが、彼のほうが有名になった。彼が Nome の住人に直接、血清を届けたという理由だけで」

---

　more commonly remembered (**than** *Togo* is) と主語を補って考える。

149

5 比較の対象(2/2) 同一物内の比較

> ★Forest fires move [uphill faster : faster uphill] than downhill.
> 「山火事は山腹を下るときより登るときのほうが速く移動する」

正解 どちらも可

どちらも副詞なので、好みの問題。主語は同一物「山火事」で、比較の対象は uphill と downhill なので、このカテゴリーに入る。

本来は、同一物内で、「時」とか「場所」によって異なる性質を比較する構文：
The average person is about a quarter of an inch taller at night.
「通常、人は（昼間より）夜のほうが約 1/4 インチ背が高くなる」
taller at night (**than** during the day) と、at night に対応する副詞 during the day（昼間）を補って考えなければならない。

《A black Jewish boy came home from school》
Boy: **Dad, should I be more Jewish or more black?**
Father: **Why do you want to know, son?**
Boy: **Because a boy at school is selling a bike for $50. I want to know if I should talk him down to $40 or just steal it!**

insult

《ユダヤ系黒人の少年が学校から帰って》
少年：ねえ、パパ。僕は、よりユダヤ人として行動すべきか、より黒人として行動すべきか迷っているんだ。
父親：どうしてそんなこと聞くんだ？
少年：学校で自転車を $50 で売っているやつがいるんだ。彼と交渉して $40 まで値下げしてもらうべきか、さっさと盗むべきか、知りたいんだ。

なお、この構文は比較級に限らず、最上級（後述）でも発生する。最上級でも定冠詞 the をつけないのが一般的だが、つける native speaker は多い (→ p. 158 に類例)：

She looked (the) happiest when her owner was petting her where she wanted to be petted.
「彼女が望んでいる部位を飼い主が撫でてやると、この上なく幸せそうな顔をした」

6 比較級 less + than

*A bicycle is faster than a car for most trips of [less : more] than 50 minutes in Tokyo.
「東京では、50分以内の移動なら、たいてい自転車のほうが自動車より早い」

正解 less

「50分以内、以下」なので less を用いる。

less は用途は限られているが、ここぞというところでは必要不可欠な要素となる:

I've come across decomposed bodies that are less offensive than you are.
「腐乱した死体を見たことはあるけど、それでもあなたほど不快じゃないわ」

ここでは offensive（不快感を与える）という語の意味を維持することが大切。よって less が生きる。

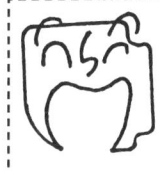

My wife's credit card was stolen. What a relief it was to find that the thief spends less than my wife!

「妻のクレジットカードが盗まれた。ところが盗んだやつは私の妻ほど買い物をしないんでホッとした」

My new year resolution: Do less exercise and watch more TV.
「年頭の誓い：運動は減らしてテレビをもっと見る」

As I get older, all sorts of things become less funny. Once one has children, any cruelty involving children becomes far less amusing than when one was at the mercy of one's friends' and relatives' children. —— P. J. O'Rourke（米国政治ジャーナリスト）

「年をとるに従って、何もかもが楽しくなくなる。いざ自分が子どもを持ってみると、以前、友人や親戚の子どもにやりたい放題されていた頃に比べると、子どもを巻き込む残酷な出来事を面白いと思わなくなる（勝手なものだ）」

ここでも less の特質が生きている。less funny は「若い頃は funny だった」ことを、less amusing は「かつては他人の子どもに関しては amusing だった」ことを暗示している。

151

7 比較級の慣用構文(1/5) 最上級相当

> ☆Hippos have killed more than 400 people in Africa — more than [any other wild animal : all the other animals].
> 「カバはアフリカで 400 人以上を殺してきた――これは他のどの野生動物より多くの人間を殺したことになる」

正解 どちらも可

前者のほうがはるかに多用される。後者は「すべての他の野生動物」と直訳できるので、理論的には「1頭 vs 集団」で矛盾する。しかし、比較構文はもとより矛盾だらけなので、これを口語で使う native speaker は少なくない。

「any other + 単数名詞」が基本であるが、臨機応変の対応が必要:
New York Sleeps Later Than Every Other City
《newyork.observer.com》
「ニューヨーク(の人々)はどの都市(の人々)よりも夜更かし」

「比較級＋他の各1個」は「どの1個と比べても(大きい)」と直訳できるので、結局、最上級「最も(大きい)」に相当する内容を意味する:
I love Mickey Mouse more than any woman I have ever known.
—— Walt Disney
「これまでに知り合ったどの女性よりもミッキーマウスが好きだ」
——ウォルト・ディズニー

Hummingbirds are more attracted to red flowers than other flowers because they can see red better than any other color.
「ハチドリは他のどの花より赤い花に引きつけられる。なぜなら、他のどの色より赤をはっきり認識できるから」

また、'「無」の概念＋比較級' も事実上、最上級相当となる:
Nothing is more shameful than attacking sleeping children.
「寝ている子を攻撃するほど恥ずべき行為はない」

ただし、以下の例は比較の対象が2つの being ... なので、問題外:
Being with no one is better than being with the wrong one.
「嫌なやつと一緒にいるよりは独りでいるほうがまし」

第8章 人や物を比べる文

8 比較級の慣用構文(2/5) クジラの公式

> ★At the end, to the universe we're no more important than a rock [is : is not].
> 「最終的に、宇宙にとって我々は石ころ同様に何の価値もない」

正解 is

クジラの公式（AがBでないのはCがDでないのと同じ）は新旧2形態：（新）A is not B any more than C is D.（旧）A is no more B than C is D. があるが、B=Dの場合、(is) Dは省略される。

Demons do not exist any more than gods do, being only the products of the psychic activity of man. —— Sigmund Freud

　　　　　　　　　　　　*gods do = gods exist. being = and they are（分詞構文）

「悪魔なんて存在しない。神が存在しないのと同じだ。それは人間の神霊力が創り出した産物に過ぎない」 ——フロイト

次の例は変則形だが、(A≠B) = (C≠D) の基本公式は変わらない：

Q: Are there lots of bugs in Japan? I heard there's a lot of spiders and centipedes, and also hornets which if I read correctly are deadly.
A: Bugs are everywhere. I saw some pretty impressive spiders while stationed at Misawa, Japan. I don't think they're worse than any place else. 《YahooanswersUSA》

Q：日本には虫がいっぱいいるんでしょ？ クモとかムカデとか、たくさんいるって聞いたけど。それから、もし私が正しく読んでいたらだけど、猛毒のスズメバチも。
A：虫はどこにでもいるよ。三沢基地にいたとき、とても綺麗なクモを見たことあるよ。他のどの場所と比べても特にひどいとは思わない（全く同じだ）」

ただし、以下の例のように、表面的にはクジラの公式を維持しつつも、単なる比較級の強調形もあるので、あくまでも context を優先させること：

There is no more intrepid explorer than a kitten.
—— Jules Champfleury（仏作家）

「子猫ほど大胆不敵な探検家はいない」

9 比較級の慣用構文(3/5) 比較級＋比較級

> ☆The more I see of men, the more [dogs I admire : I admire dogs].　—— Jeanne-Marie Roland（仏革命家）
> 「人間を見ればみるほど、ますます犬が好きになる」

正解　I admire dogs

I admire dogs <u>more</u>(than men)の more（副詞）が文頭に出る。

前半は「Vすればするほど」、後半は「その分だけVする」と直訳できる。以下、（ ）内で前半／後半の品詞を表示。

THE CLOSER YOU GET
　　　　THE SLOWER I DRIVE　　（形／副）
「接近すればするほど　ゆっくり運転するぜ」

Birthdays are good for us. **The more** birthdays we have **the longer** we live.　（形／副）
「誕生日はいいものだ。多ければ多いほど長生きした証拠だ」

The more I know of the world, **the more** I am convinced that I shall never see a man whom I can really love.　（名詞／副）
　　　　　　　　　　　　　　　　　　　　　—— Jane Austen
「世の中のことがわかればわかるほど、本当に愛せる男なぞ出会えないと確信する」

As horses age, their gums recede, giving the impression that their teeth are growing. **The longer** the teeth look, **the older** the horse.　（形／形）
「馬は年齢を重ねると、歯茎が後退し、歯が長くなったような表情になる。したがって、歯が長く見えれば見えるほど、その馬は年をとっていることになる」

次例は比較級を2回繰り返す構文。「どんどん、徐々に（大きく）」などと訳す：

I was wondering why the ball kept getting **bigger and bigger**, and then it hit me.
「なぜボールがどんどん大きくなるのかと考えていたら、私の顔にぶつかった」

Men at the age of 20 play football. Men at 40 play tennis. Men at 60 play golf. As you get older, your ball gets **smaller and smaller**.
「男は20歳でフットボールをやる。40歳でテニスをやる。60歳でゴルフをやる。年をとるにしたがって、あなたのボールはどんどん小さくなる」

第8章 人や物を比べる文

10 比較級の慣用構文(4/5) would rather do₁ than do₂

> ☆I would [sooner : rather] regret the things I've done than regret the things I haven't done. —— Lucille Ball (米国の喜劇女優)
> 「やらなかったことを後悔するくらいなら、やって後悔するほうがいい」

正解 どちらでも可

ただし、原文では I'd rather …。

基本形は would rather [sooner] do₁ than do₂ で、おおむね「—₂ するくらいなら—₁ したい」を意味する。would は仮定法。rather は廃語 rathe (早く) の比較級で「より早く、先に」を表す。

I'd rather pass a kidney stone **than** another night with you.
「あなたともう一晩過ごすくらいなら腎臓結石が(尿道を)通る(激痛の)ほうがまし」
最後は than (pass) another night … と補って考える。

The average woman **would rather** have beauty **than** brains, because the average man can see better than he can think.
「普通、女性は知能よりも美しさを欲しがる。というのも、普通、男性は知力よりは視力のほうがいいからだ」

通常の比較級構文と同様、than … 以下が省略されることがある:

> A 93-year-old man caught a talking frog. He picked it up and it said, "If you let me go, I'll turn into a beautiful princess and be yours for a week." He said nothing and put it in his pocket. The frog screamed, "Then for a month! How about that?" He said, "At my age **I'd rather** have a talking frog."
> 「93歳の男が喋る蛙を捕まえた。彼が蛙を拾い上げると、蛙は言った"もし逃がしてくれたら、美しい王女に変身して1週間あなたの物になります"。彼は何も言わず蛙をポケットに入れた。蛙は叫んだ"じゃ、1か月！ これでどう？"。男は言った"この歳になると、(色気より)喋る蛙のほうがいいんだ"」

最後は、I'd rather have a talking frog (than a beautiful princess) と補う。

155

11 比較級の慣用構文(5/5) had better do

> *♪You better watch out, you [better not : not better] cry, [better not : not better] pout, I'm telling you why, Santa Claus is coming to town. ♪
>
> *Santa Claus is coming to town*
> 「用心しなさい、泣いちゃダメ、ふくれっ面をしないで、なぜって…サンタクロースが街にやって来るから」

正解 better not, better not

had better ≒ should で、助動詞相当句とみなされるので、否定形は should not do や can't do と同じ位置に not が来る。

You had better do が基本形だが、→You'd better→You better→Better と省略した形が、特に口語で頻繁に見られる：

> Dad: **Son, you better pass this exam or rather forget that I'm your father!**
> Son: **Sure dad! Whatever!**
> 《5 hours later》
> Dad: **How was your exam?**
> Son: **Who the hell are you?**
>
> 父親：息子よ、この試験には絶対合格しろよ。さもないと、俺がお前の父親だということは忘れろ。
> 息子：もちろん、何なりと！
> 《5時間後》
> 父親：試験、どうだった？
> 息子：一体、お前は誰だ？

you better pass は you'd better pass であり、省略部は would か had かは形からは判別できない。同様に、or rather forget は or (you'd) rather forget であり、or you would [had] rather forget に等しく「忘れたほうがいい」を表す。

> ♪**You'd better** watch out. Keep your children inside. Guilty or not, he's one creepy guy. Michael Jackson's coming to town.♪
> 「用心しろ。子どもは家の中へ。有罪か無罪か知らないが、ヤツは不気味な男。マイケル・ジャクソンが街にやって来る」
> *彼が誤解を受けた頃の Santa Claus is coming to town のパロディー。

第 8 章　人や物を比べる文

12　最上級＋範囲の限定

*Q: What is the [most big : biggest] ant in the world?
A: An elephant.
Q：世界で一番大きい蟻はな〜んだ？
A：象（elephANT）。

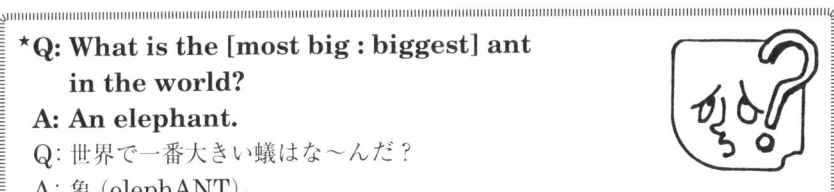

正解　biggest
最上級は短い単語は語尾に -est がつく。
最上級構文は上例 in the world のような「範囲の限定」が必要：
Dr Pepper is the oldest major soft drink in the United States, one year older than Coca Cola.
「Dr Pepper は米国で最古の主要ソフトドリンクで、コーラより 1 年古い」
In the fall of 2003, a lost hunter lit a signal flare near the San Diego County Estates. The fire spread and became the largest fire in California's history.
「2003 年秋、サンディエゴ郡近くで、道に迷ったハンターが点火信号を灯した。その火はたちまち燃え広がりカリフォルニア州の歴史上、最も大規模な火災事故になった」
周知の情報として了解がある場合は、敢えて「限定」語句を示す必要はない：
The smallest coffins are the heaviest.
「最も小さな棺（ひつぎ）が最も重い［重く感じる］」
他にもさまざまな形態で「限定」が表現されるケースがある：
McDonald's is the world's largest purchaser of beef.
「マクドナルドは世界最大の牛肉購入者である」
Mixed marriages involving blacks and whites were the least stable interracial marriage, followed by Hispanic-white couples.
「黒人と白人間の結婚が最も不安定な異民族間の結婚で、2 番目にヒスパニックと白人間の結婚が続く」
The most intelligent dogs are reportedly the Border Collie and the Poodle, while the least intelligent dogs are the Afghan Hound and the Basenji.
「最も頭のいい犬はボーダーコリーとプードルで、いっぽう、最も頭の悪い犬はアフガンハウンドとバセンジーと言われている」

157

13 最上級の応用形

> *[Most : Much] lipstick contains fish scales.
> 「たいていの口紅には魚の鱗が含まれる」

正解 most

most は many と much の最上級だが、単独で「たいていの、ほとんど」を表す用法がある。通常は複数名詞が続くが、上例 lipstick は不可算名詞。

最上級は分詞を修飾したり、副詞で現れることもある：

"*Yesterday*" became the most covered song in popular music history.

「(ビートルズの) Yesterday はポピュラーミュージックの歴史において最も多く(のアーティストによって)カバーされた曲だ」

副詞の最上級には通常 the はつけないが、習慣的に the をつける者が多い。

Q: If the man you hate the most bumps against the wall, what will you do?
A: I'll ask the wall if it's okay.
Q：もし最も嫌いな男が壁にぶつかったら、どうする？
A：壁に「怪我はなかったかい？」とたずねる。

最上級には「最少、最低」を表す least もある。訳出には工夫が必要：

The most used letter in the English alphabet is E, and Q is the least used.

「英語のアルファベットで最も頻繁に使われるのは E で、最も使われないのは Q」

最上級は常に唯一無二とは限らない。矛盾する部分もたくさんある。英語の発想では、最高とか最低を前提としつつも、「その1つ」とか「ベスト3」などが可能：

Jerry Seinfeld is one of the most reputed stand-up comedians of our time and is most famous for his sitcom.

　　　　　*stand-up comedians: 漫才師(に近い)　sitcom = situation comedy

「J. Seinfeld は私たちの世代で最も有名な漫才師の1人だが、テレビのコメディードラマで特に有名だ」

most famous for ... は「同一物内の最上級」なので、通常 the はつけない。

Disney World is the second largest purchaser of explosives in the United States after the Department of Defense.

「ディズニーワールドは国防省に次いで2番目に、米国で火薬を購入している」

14 as + 原級 + as の基本形

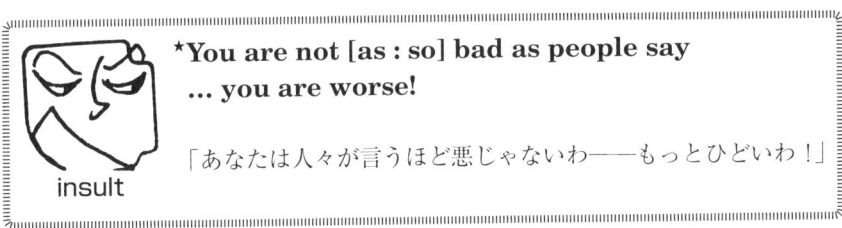

*You are not [as : so] bad as people say
... you are worse!

「あなたは人々が言うほど悪じゃないわ——もっとひどいわ！」

insult

正解　どっちも可

as ... as の否定形は not as ... as が普通。not so ... as は古い。

この構文は言うまでもなく as + 形容詞／副詞の原級 + as ... が基本形で、「…と同じくらい—だ」と直訳される（以下、文末に形容詞か副詞かを明示）:

Cabbage is a vegetable about as large and wise as a man's head.　——Ambrose Bierce（米国作家、ジャーナリスト）
「キャベツは人間の頭と同じ大きさで同じくらい賢い野菜である」（形容詞）

Could you please be as silent as the G in "lasagña"?

*lasagña の g は黙字。

「ラザーニャの G と同じくらい静かにしてもらえませんか？」

Cats don't see color as well as humans do. Scientists believe grass appears red to cats.
「猫は人間と同じように色を区別することはできない。科学者が言うには、草の緑は猫には赤く映るらしい」（副詞）

My ideal is to die young as late as possible.
「私の理想は、なるべく遅い時期に若くして死ぬことだ」（副詞）

as ... as が「数値」に先行すると、「同等」ではなく、「強調」の意味合いを帯びる:

As early as 340 B.C. Aristotle considered dolphins to be mammals.
「紀元前 340 年にはすでに、アリストテレスはイルカが哺乳類であると認識していた」

As late as 1720 in America, eating potatoes was believed to shorten a person's life.
「米国では 1720 年になってもまだ、ポテトを食べると寿命が縮むと信じられていた」

15 倍数比較

> ★★It costs the U.S. Mint almost [twice : double] as much to mint each penny as the coin is actually worth.
> 「米国造幣局で1ペニーを製造するのに、その価値のほぼ2倍の経費がかかる」

正解 twice

double the amount のような語順はあるが、double as ... as は不可。
as ... as の直前には twice や N times (N 倍) が来るのが一般的:

There are more than twice as many star-rated restaurants in Tokyo as in Paris. Tokyo has 191 Michelin stars, while Paris has only 98 stars and New York has 54.
「ミシュランの星印のついたレストランはパリよりも東京のほうが2倍以上ある。東京の推奨店の星は合計191個あるが、パリには98、ニューヨークには54個しかない」

倍数比較は「倍数 + as ... as」が基本だが、実際は別のパターンのほうが多い。最も一般的なのは「⑧のN倍」において、N times + ⑧とする句形:

The flea can jump 350 times its body length.
「蚤はその体長の350倍を跳ぶことができる」

A leech feeds on blood. It will pierce its victim's skin, fill itself with three to four times its own body weight in blood, and will not feed again for months.
「蛭は血を吸って生きている。獲物の皮膚を食い破り、自らの体重の3~4倍の血を吸って体内を満たす。その後、数か月は血を吸わない」

「倍数 + as ... as」を「倍数 + 比較級」で表現することも多い。理論的には矛盾が生じるが、特に大雑把な倍数では頻繁に用いられている:

Sense of smell is around 10,000 times more sensitive than sense of taste.
「嗅覚は味覚の約10,000倍鋭い」

The largest egg from a living bird belongs to the ostrich. It is more than 2,000 times larger than the smallest bird egg, which is produced by the hummingbird.
「現存する鳥の卵で最大のものはダチョウの卵である。それは最小の鳥の卵と比べると2,000倍以上も大きいが、最小の卵とはハチドリのものである」

16 as ... as を用いた慣用構文

★We might as [long : well] die as to go on living like this.
—— Charlie Chaplin
「こんな暮らし方を続けるくらいなら死んだほうがましだ」

正解 well

　might as well as do₁ as do₂ は基本的には A as well as B（B と同様に A）と同じ発想に基づく。「—₂ することと—₁ することは同じ」を原義に、仮定法 might の意味が加わって、「—₂ するのは—₁ するようなものだ」を表す。

Wife: **Do you want coffee?** Husband: ... Wife: **You don't hear a word. I might as well talk to the wall. WALL, DO YOU WANT COFEE!?**	妻：あなた、コーヒー飲む？ 夫：…… 妻：人の言うことなんか聞いてやしない。ウォール（壁）に向かって話しているようなもの。コーヒー飲む!? ウォール！

　比較の対象が明確にわかっている場合は、than ～ が省略される。また、「壁に向かって話すほうがましだ」とも解釈できるし、「壁に向かって話すのもうなずける」にもなる。

　You are the only person that is guaranteed to be with you throughout your whole life so you might as well have a loving relationship with yourself.
「あなたは、あなたと生涯を共にすることが保証されている唯一の人物だから、自分自身とは愛情豊かな関係を維持したほうがいい」

　もう 1 つ、not so much A as B（A というよりはむしろ B）も原理は普通の同等比較と同じで「B であるほどそんなに A ではない」と直訳できる。

　Leadership is practiced not so much in words as in attitude and in actions."
—— Harold S. Geneen（米国ビジネスマン）
「リーダーシップは言葉というよりは態度や行動で実践されるべきだ」

　ただし、次例は通常の同等比較構文の否定形なので、混同しないように：

　Being ignorant is not so much a shame, as being unwilling to learn.
—— Benjamin Franklin
　　　　　　　＊is not so much ... as —：—であるほど、そんなに多く…ではない
「無知な人間でいることは、学ぶ気のない人間でいることほど恥ではない」

161

索　　引

※本索引はアルファベット順→あいうえお順で並んでいます。

【A】
ability　33
able to do　84, 85
advise　48
afford　18
allow　48, 85
amaze　28
another　127
apologize　16
anything but　137
appoint　21
approach　11
arrive　13
as ... as　159
as if　101
as soon as　109
ask　48
astound　28
avoid　53, 56

【B】
bake　20
be　6, 27, 46
become　2, 13, 14, 27
being　81
bring　20
busy　57
buy　17, 20
by the time　107

【C】
call　21
can　84–86
cash　20

chance　33, 57
come　2, 5, 13, 26
complain　16
consider　22
contain　15
continue　55
cost　17
could　85, 96
crazy　32
cruel　32

【D】
dangerous　29
defeat　12
demand　98
deny　56
difficult　29
discourage　58
do　20
dread　56
drive　23

【E】
each other　12, 128
easy　29
elect　21
enough to do　42
enter　11
every other　128
every time　107
excel　12
explain　16

【F】
face　11
fail　38
fall　2
feel　9
few　140
find　20, 22, 63
fine　63
finish　53
first　34
forget　38, 39, 54

【G】
get　2, 13, 20, 23, 48（使役）
give　16, 18–20
go　2, 5, 13, 26, 46
grant　17
grow　2, 27

【H】
habit　59
had better　156
happy　28
hard　29
hardly　140, 142
have　47（使役）, 66, 75
have a hard time　57
have to do　89
help　47, 48
how　105

【I】
idle　15
if　104
impossible　29
in case　109
in order to do　41, 49
inform　16
inhabit　11

instead　59
It is … to do　49

【J】
join　12

【K】
keep　23
keep … from　58
keep on　55
kind　32

【L】
last　34
lay　6
leave　2, 5, 12, 18, 23, 68
learn　38
lend　20
less　151
lest　100
let　46
lie　6, 15
little　140, 142
look　7
love　38
lucky　32

【M】
make　14, 20, 23, 45（使役）
marry　11
may　86, 87
mention　12
might　86, 96
might as well do …　161
mind　55
most　158
must　83, 86, 87

[N]

name 21
never 136
never to do 27
no(ne) 136
nor 141
not 136
not ... at all 137
not ... but 138
not ... (in) the least 137
not only ... but 138
not so much A as B 161
no(t) ... what(so)ever 137
nothing but 137

[O]

offer 18
one 126, 127
one another 6, 128
only to do 27
order 98
other, the 127
other(s) 128, 143
ought 90

[P]

paint 23
pass 13, 20
power 33

[R]

rarely 140
reach 11, 12
read 4, 20
ready 30
reason 123
refuse 38
remain 2, 5, 63
remember 54

request 98
resemble 12
return 2, 5
right 33
rule 99
run 2, 13

[S]

safe 29
save 20
say 16
see 74
seldom 140
sell 3, 20
send 20
should 83, 95–97, 99, 100
show 20
sing 20
so (...) as to do 41
so ... that 113
so (that) ...S will do 5, 57
some 128, 143
speak 16
spend 56, 57, 100
stand 2, 5
start 53
stay 2, 5, 6
stop 53
strike 15
stun 28
such ... that 113
suggest 16, 98
sure 30
surpass 12
survive 12

[T]

take 20
take turns 57

165

talk　16
taste　8
teach　16, 20
tell　16, 18, 20
that　110–113, 116, 118, 125, 129
That said　82
the＋比較級　154
There is no us［point］　57
think　22
those　129
threaten　38
too … to do　43, 49
touch　11
train　15
try　39
turn　2, 5

【U】
until　109
used to do　90

【W】
walk　13
want　39, 49, 62
way　33, 123
were　97, 100, 101
what　105, 106
when　104, 105, 122
where　105, 120, 121
whether　105
which　105, 116–118
while　80, 108
who　105, 118
whom　116, 117
whose　119
why　105, 123
will　88
willing　30
wish　99, 101

with（付帯状況）　76, 77
worth　56
would　83, 88, 93–97, 100
would like to do　49
would rather［sooner］do …　155
write　20

【あ行】
意味上の主語　43, 49, 50, 56, 60

【か行】
過去の習慣　88
過去完了　66
過去進行形　71
過去分詞　61, 62, 64, 67–69, 74, 75, 80
感情の原因　28
完了　64
疑問詞（＋to do）　40
強調構文　132, 133
クジラの公式　153
経験　65
継続　65
形容詞的用法　33–36, 50
形容詞の限定　29–31, 43, 50
結果　27
原形不定詞　25, 47, 74
現在完了　65, 114, 115
現在進行形　71
現在分詞　61, 70, 72–74, 80

【さ行】
最上級相当　152
使役動詞　25, 45–48
時制　44, 110, 114
受動態　63, 67, 70
準否定語　140, 142
条件（節）　91, 95–97, 100

索　　引

省略　143
序数　34
進行形　70, 71
接触節　115
接続詞＋分詞　80
前置詞＋which　124
前置詞＋動名詞　57–59
前置詞＋目的格　117

【た行】
知覚動詞　25, 74
抽象名詞　33
抽象名詞, (of＋)　43
同一物内比較　150
同格　112
倒置　134, 135, 141, 142
独立分詞構文　82

【な行】
二重否定　139

【は行】
倍数比較　160
判断の根拠　32, 44
比較の対象　146, 149, 150
比較級＋比較級　154
比較級の強調　148
否定　136–141
副詞的用法　26–32, 43, 44
付帯状況　76, 77, 82
部分否定　139
分詞構文　61, 78–82
補語　2, 5, 7, 21–23, 37, 68, 75

【ま行】
無生物主語　144
名詞的用法　36–39
目的用法　26, 36, 50

生英語で鍛える英文法

2015年4月24日 初版発行

●著者●
佐久間 治
© Osamu Sakuma, 2015

●発行者●
関戸 雅男

●発行所●
株式会社 研究社
〒102-8152 東京都千代田区富士見 2-11-3
電話 営業 03-3288-7777 (代)
　　 編集 03-3288-7711 (代)
振替 00150-9-26710
http://www.kenkyusha.co.jp/

●印刷所・本文レイアウト●
研究社印刷株式会社

●装丁●
寺澤 彰二

KENKYUSHA
〈検印省略〉

ISBN978-4-327-45269-8 C0082　Printed in Japan